AF110344

www.ingramcontent.com/pod-product-compliance
Lightning Source LLC
LaVergne TN
LVHW021223080526
838199LV00089B/5816
9789358724394

کیا خوب آدمی تھے

(آل انڈیا ریڈیو کے منتخب تقریری خاکے)

مرتبہ:

سید حیدرآبادی

© Taemeer Publications LLC

Kya khoob Aadmi they *(Khaake)*
by: Syed Hyderabadi
Edition: August '2024
Publisher :
Taemeer Publications LLC (Michigan, USA / Hyderabad, India)

ISBN 978-93-5872-439-4

مرتب یا ناشر کی پیشگی اجازت کے بغیر اس کتاب کا کوئی بھی حصہ کسی بھی شکل میں بشمول ویب سائٹ پر اَپ لوڈنگ کے لیے استعمال نہ کیا جائے۔ نیز اس کتاب پر کسی بھی قسم کے تنازع کو نمٹانے کا اختیار صرف حیدرآباد (تلنگانہ) کی عدلیہ کو ہو گا۔

© تعمیر پبلی کیشنز

کتاب	:	**کیا خوب آدمی تھے** (خاکے)
مرتب	:	**سید حیدرآبادی**
صنف	:	خاکے
ناشر	:	تعمیر پبلی کیشنز (حیدرآباد، انڈیا)
سالِ اشاعت	:	۲۰۲۴ء
صفحات	:	۱۲۲
سرورق ڈیزائن	:	تعمیر ویب ڈیزائن

فہرست تقاریر
آل انڈیا ریڈیو۔ دہلی

نمبر شمار	کیا خوب آدمی تھے	نام مقرّر		صفحہ
۱	مولانا راشد الخیری	ملّا واحدی	۲؍اکتوبر ۱۹۳۹ء	7
۲	مولانا الطاف حسین حالؔی	خواجہ عبدالمجید دہلوی	۹؍ " "	16
۳	مولوی نذیر احمد دہلوی	مولوی عبدالرحمٰن	۱۶؍ " "	25
۴	چکبستؔ لکھنوی	پنڈت برجموہن دتاتریہ کیفیؔ دہلوی	۲۳؍ " "	34
۵	داغؔ دہلوی	بیخودؔ دہلوی	۳۰ " "	46
۶	منشی پریم چند	جے نندر کمار	۶؍نومبر ۱۹۳۹ء	54
۷	مسیح الملک حکیم اجمل خاں	حکیم ذکی احمد دہلوی	۱۸؍دسمبر "	66
۸	ڈاکٹر مختار احمد انصاری	محمد غالب دہلوی	۲۰؍ " "	80
۹	علامہ اقبال	ممتاز حسین	۵؍فروری ۱۹۴۰ء	90
۱۰	سر راس مسعود	خواجہ غلام السیدین	۲۱؍ " "	101
۱۱	مولانا محمد علی	مولانا عبدالماجد	۱۳؍مارچ "	112

تقریب

انسانوں کی زندگیاں کائنات کے سمندر میں لہروں کی طرح ہیں جو تھوڑی دیر کے لئے سطح بحر سے ابھرتی ہیں اور پھر اسی میں مل جاتی ہیں۔ یہ لہریں دیکھنے والوں کو ایک سی دکھائی دیتی ہیں اور ایک ہی ڈھرّے پر چلتی ہوئی معلوم ہوتی ہیں۔ مگر کبھی کبھی ہوا کے تھپیڑے سے کوئی زبردست موج اٹھتی ہے۔ جس کی قوت اور حرکت اس یکسانی اور سکون کے طلسم کو توڑ کر، دور تک سطحِ آب میں ہلچل پیدا کر دیتی ہے۔ ایسی جاندار اور جاں بخش شخصیت ہر زمانے میں، خصوصاً اس جمود کے دور میں جس سے ہمارا ملک گزر رہا ہے۔ عام لوگوں کے لئے دل کش بھی ہوتی ہے اور صبر آزما بھی۔ وہ اس کی طرف کچھ شکر کی کچھ شکایت کی نظروں سے دیکھتے ہیں اور زبانِ حال سے کہتے ہیں۔

کوئی ہو محرمِ شوخی ترا تو میں پوچھوں   کہ بزمِ عیش جہاں کیا سمجھ کے برہم کی

آل انڈیا ریڈیو مبارکباد اور شکریے کا مستحق ہے کہ اس نے ہمیں ایک سلسلۂ تقریر میں اپنے ملک کے کچھ ایسے لوگوں کی زندگی کی کہانیاں سننے کا موقع دیا جنھوں نے اپنے جامد ماحول میں کسی نہ کسی قسم کی حرکت پیدا کی یا شاعر کی زبان میں "بزمِ عیش جہاں" کو کسی نہ کسی حد تک برہم کیا اور سب سے بڑی بات یہ ہے کہ اسے ان بزرگوں میں سے اکثر کے "محرمِ شوخی" ہاتھ آ گئے۔ جنھوں نے ہمیں ان کی زندگی کے بھید کانوں کے سنے نہیں بلکہ آنکھوں کے دیکھے کہہ سنائے۔

ڈاکٹر سید عابد حسین۔ ۲۰ رجولائی ۱۹۴۱ء

مصوّرِ غم علّامہ راشد الخیری مرحوم

مصورِ غم علامہ راشد الخیری کی تصنیفات پڑھنے کے بعد اس کا یقین مشکل سے آسکتا ہے کہ مولانا خوش طبع بھی ہوں گے۔ اور جنھیں رواروی میں مولانا سے ایک آدھ مرتبہ ملاقات کا موقع ملا ہے وہ تو انھیں خوش طبع کیا شاید خوش اخلاق ماننے میں تامل کریں گے۔ مولانا نے دو تین کتابیں مزاحیہ لکھی ہیں۔ لیکن اُن کا امتیاز خصوصی حزن نویسی تھا تو جس کی ساری عمر اوروں کو رُلانے میں گزری ہو وہ خود کیسے ہنس سکتا ہے۔ اور جو ملنے جلنے سے اتنا بیزار ہو کہ بڑے بڑے آدمیوں کو اس کی صحبت میں دو منٹ بیٹھنے کی آرزو ہی رہے اُسے مذاق کی کیا سوجھ سکتی ہے۔ لیکن واقعہ یہ ہے کہ مولانا بے حد زندہ دل۔ بے حد شگفتہ مزاج۔ بے حد خوش طبع انسان تھے۔

میں ایسے تین شخصوں کو جانتا ہوں جو مولانا کے لڑکپن سے بڑھاپے تک دوست رہے۔ ایک مرزا احمد اشرف صاحب گورگانی بی۔اے۔ دوسرے مولوی اشرف حسین صاحب بی۔اے۔ تیسرے قاری سرفراز حسین صاحب عزمی تینوں مولانا کے سامنے ہی اللہ کے ہاں سدھار چکے۔ یہ ایک جماعت تھی جو علم و فضل اور ذہانت اور طبّاعی کے اعتبار سے دہلی کی آخری شمع تھی۔ اور زندہ دلی میں بھی اپنا ثانی نہ رکھتی تھی۔

ان دوستوں میں کس طرح کا مذاق ہوتا تھا اس کی دو معتدل مثالیں سناتا ہوں۔

مولانا طرزِ تحریر میں شروع شروع شمس العلما مولوی نذیر احمد صاحب یعنی اپنے پھوپھا کے پیرو رہتے تھے۔ میں نے ایک دفعہ مولانا کو ”جانشین مولوی نذیر احمد“ لکھ دیا

مولوی نذیر احمد صاحب کے فرزند مولوی بشیر الدین صاحب مرحوم بھی بیس کتابوں کے مصنف تھے۔ اور عمر میں مولانا سے بڑے تھے۔ انھیں کسی نے جا لگایا کہ بیٹے کے ہوتے بھتیجے کو جانشین بتایا جا رہا ہے۔ مولوی بشیر الدین صاحب نے تو اس کی پرواہ نہیں کی مگر قاری سرفراز حسین صاحب نے اس کا خاصا لطیفہ بنا دیا۔ کوئی شادی تھی جس میں ہم سب جمع تھے۔ مولانا نے بہت ڈھیلی ڈھالی ٹخنوں تک نیچی شیروانی پہن رکھی تھی۔ قاری صاحب، مولوی بشیر الدین صاحب سے مخاطب ہو کر بولے۔ "واحدی نے راشد کو جانشین مولوی نذیر احمد غلط نہیں لکھا۔ قسم ہے پیدا کرنے والے کی میں نے اپنی ان دونوں آنکھوں سے مولوی نذیر احمد کے پاس یہ شیروانی دیکھی ہے۔ جو آج راشد کے جسم پر ہے۔" ایک شام کو ایڈورڈ پارک میں یہی مجمع تھا۔ کوئی بڈھا سفید ڈاڑھی خمیدہ کمر، بھیک مانگتا اس مجمع کے اندر آ کھڑا ہوا۔ مولانا نے بے ساختہ کہا۔ "آؤ میاں قاری برکت اللہ۔ بڑی مدت میں شکل دکھائی۔ تمہارے دیدار کو تو آنکھیں ترس گئیں" قاری برکت اللہ صاحب۔ قاری سرفراز حسین صاحب کے والد کا نام تھا۔ اور یہ گفتگو قاری برکت اللہ صاحب کے انتقال کے پچاس برس بعد کی ہے۔

دو پھبتیاں یاد آ گئیں۔ مولانا نے کبھی خضاب نہیں کیا۔ آخر وقت میں سر، ڈاڑھی اور رکھویں سب رنگلا تھیں۔ اور سر کے بال خوب بڑھے ہوئے اور الجھے سے تھے ایک دن مولانا ننگے سر کھڑے تھے کہ قاری صاحب آ پہنچے اور فرمایا۔ "حضرت مولانا روئی کے پیچ میں نوکری کر لی ہے۔" قاری صاحب خضاب استعمال کرتے تھے۔ ایک روز ڈھاٹا باندھے تھے اور ڈھاٹے میں سے روئی ذرا باہر نکل رہی تھی۔ مولانا نے کہا۔ "واہ قاری صاحب صرف دُم کی کسر ہے۔" یعنی دم لگا لو تو لنگور معلوم دو گے

تئیس چوبیس سال سے مولانا کی اکثر میرے ہاں نشست رہتی تھی۔ اور مولانا کے آخری دور کے ہم تین ساتھی تھے ۔میں۔ خواجہ فضل احمد خاں صاحب شیدا۔ اور مولانا عارف ہسوی۔ ہم چاروں قریب قریب روز ملتے تھے ۔اور دن میں کئی کئی دفعہ ملتے تھے میں اپنے چاروں دوستوں کی جماعت میں نسبتاً خشک تھا۔اس واسطے بے تکلفی مولانا کی حقیقتاً خواجہ فضل احمد صاحب اور مولانا عارف سے تھی۔ خصوصاً خواجہ فضل احمد صاحب سے ۔لیکن مولانا چوکتے مجھ سے بھی نہیں تھے ۔اور میں بھی ان کی مہربانیوں کے سبب اتنا گستاخ ہوگیا تھا کہ "شام زندگی" لکھنے کا جب فیصلہ ہوا تو مولانا مہینوں اُڑان گھائیاں دیا کئے۔ مولانا نے بے شمار کتابیں تیار کرڈالیں۔لیکن مجبور ہوئے بغیر قلم ہاتھ میں نہیں لیا کرتے تھے ۔ اپنی طبیعت سے مجبور ہو جائیں یا بچوں اور دوستوں کی خواہش سے دب جائیں ۔بہرکیف لکھتے تھے۔زبردستی سے اور لکھتے تھے تو دس منٹ سے گیارھواں منٹ لکھنے پر صرف نہیں کرتے تھے ۔ دس منٹ لکھا اور باہر آگئے۔ میرے ہاں تشریف لے آئے۔کسی تانگہ والے کے پاس جا کھڑے ہوئے۔ کسی دکاندار سے باتیں کرنے لگے اور پھر جا کر لکھنا شروع کر دیا۔ اور پھر دس منٹ بعد کرسی کاٹنے لگی۔یہی سلسلہ تمام دن جاری رہتا تھا۔میں نے شام زندگی لکھنے کے فیصلہ میں رخنہ پڑتے دیکھا تو ایک بہت چھوٹی سی کوٹھڑی میں میز کرسی بچھوادی۔ اور مولانا آئے تو ان سے کہا "چلو اس کوٹھڑی میں" اور ان کے کوٹھڑی میں گھستے ہی کنڈی لگادی۔ اور سنا دیا کہ چاہے لکھو۔چاہے نہ لکھو کنڈی دو گھنٹے سے پہلے نہیں کھلے گی۔مولانا عارف اس سازش میں شریک تھے ۔ مولانا نے ایک دفعہ عارف صاحب سے فرمایا: "ارے تجھے خدا نے کانگرس کی محبت اس لئے دی ہے کہ تو بار بار جیل جائے

اور میرے جبس بے جا کا بدلہ اترے۔ اچھا ہے یہیں بھگت لے ورنہ خدا کے ہاں بیڑیں کھانی پڑتیں۔" مولانا کو کھانے پکوانے اور غربا کو کھلانے کا بے حد شوق تھا۔ مہینہ میں دو تین بار دیگیں نہ کھڑکیں تو وہ پژمردہ ہو جاتے تھے۔ مجھے بھی دیگ کا سالن بھاتا ہے۔ لہٰذا جب دیگ چڑھتی تھی مولانا کہہ دیتے تھے۔"ملاّ جی شام کو پیالہ بھیج دینا"۔ اور میں پیالہ بھیجتا تھا۔ ایک دن اس خاص کھانے کی اطلاع کئے بغیر خواجہ فضل احمد صاحب کی مولانا نے دعوت کر دی۔ مغرب کی نماز کے بعد خواجہ فضل احمد صاحب پہنچے تو کیا دیکھتے ہیں کہ کچھ حبشی۔ ربّی اور ملاّنے۔ پٹھان۔ بخاری۔ بنگالی کھڑے ہیں۔ اور سب کے ہاتھ میں پیالے ہیں۔ خواجہ فضل احمد صاحب کہتے ہیں کہ میرے آگ لگ گئی لیکن مولانا نے یہ کہہ کر ٹھنڈا کر دیا کہ "فضلو تیرا پیالہ کہاں ہے۔ ارے بے پیالے ہی آگیا۔ چل بھاگ یہاں سے۔ میں سالن بھی دوں اور پیالہ بھی دوں"۔ پھر قریب پہنچکر ہاتھ پکڑا اور چمکار کر فرمایا "نواب صاحب یہ کھانا انہی لوگوں کے واسطے پکوایا کرتا ہوں۔ آپ نے عقل سے کیوں کام نہ لیا۔ میں حضور کی دعوت کرتا تو تنہا حضور کی نہ کرتا۔ اتنے میں عارف صاحب بھی آگئے۔ ان کی طرف اشارہ کر کے کہا کہ حضور کی دعوت کرتا تو اس عرفو کی بھی تو کرتا۔ اور بھئی تو ان لوگوں کے ساتھ کھانا ہے تو کچھ ان میں سے اوپر کھا رہے ہیں۔ جاؤ۔ تم دونوں بھی کھالو"۔

عارف صاحب کا انتقال مولانا کے انتقال سے صرف پندرہ دن پہلے ہوا تھا۔ عارف صاحب کے انتقال کی خبر مولانا کو نہیں ہونے دی تھی۔ عارف صاحب مولانا کو پوچھتے پوچھتے مرگئے اور مولانا عارف صاحب کو مرتے مرتے پوچھا کئے۔ آخری دنوں میں کسی نے مولانا سے کہہ دیا کہ عارف اب اچھے ہیں۔ مولانا نے فرمایا: "کیوں مجھے بناتے

ہو۔ وہ بھلا بچنے والا تھا۔ دہ جا چکا لیکن ایک آدھ کو اس کے پیچھے پیچھے ضرور جانا پڑے گا۔ اکیلے اس کا دل تھوڑا ہی لگ سکتا ہے۔" انتقال سے چار روز پہلے شہنشاہ جارج پنجم کی رحلت کا کوئی صاحب ذکر کر رہے تھے۔ ایک بزرگ بولے کیوں جی اب بادشاہ کا بیٹا تخت پر بیٹھے گا۔ مولانا کی نقاہت کی وجہ سے آنکھیں بند تھیں یہ دلچسپ سوال سن کر بے اختیار آنکھیں کھول دیں اور زبان پر برجستہ یہ فقرہ آیا۔ "نہیں جناب کے حق میں وصیت کر گئے ہیں۔"

غرض جس طرح تحریر و تقریر میں مولانا ہر ہر فقرہ کو درد و اثر سے بھر دیتے تھے اُسی طرح بات چیت میں مولانا کا ہر ہر فقرہ پرلطف ہوتا تھا۔ مولانا نے بری صحبت میں پھنس کر بیوی بچہ سے بے پرواہی اختیار کرلینے والے ایک شوہر کی اور اس کے بیوی بچہ کی تصویر کھینچی ہے۔ بچّہ کی زبان سے کہلواتے ہیں۔ " اماں - ابّا ہم کو گود میں نہیں لیتے۔ خیر۔ میں اب بڑا ہو جاؤں گا۔ میں بھی اماں ہی کو گود میں لوں گا ابّا کو نہیں لوں گا۔"

ماں بچّہ کی بات پر پہلے مسکراتی ہے۔ پھر بچہ کو خوب بھینچکر پیار کرتی ہے۔ اور جواب دیتی ہے۔ " اللہ تمھاری عمر دراز کرے۔ تم جیتے رہو۔ بس یہی سب کچھ ہے۔"

بچہ اور ماں کے فقرے کیا ہیں۔ تیر و نشتر ہیں۔ دو ہی فقروں میں مولانا نے دل ہلا دیئے۔ وہی مولانا مرتے مرتے مذاق کرتے ہیں کہ شہنشاہ جارج پنجم ان صاحب کے حق میں وصیت کر گئے ہیں جنھیں فکر تھا کہ شہنشاہ جارج پنجم کا جانشین کون ہوگا

مولانا بالکل آزاد اور بے نیاز طبیعت کے انسان تھے۔ جو کیفیت ان پر طاری ہوتی تھی اسے ظاہر کر دینے میں انھیں باک نہ تھا۔ تحریر۔ تقریر۔ بات چیت میل ملاقات

سب مواقع پر مولانا کی اس طبیعت کا اظہار ہوتا تھا۔ گھر میں کرتہ اتارے اور تہ بند باندھے بیٹھے ہیں۔ آپ ملنے جائیے۔ وہ اسی شان سے باہر آجائیں گے۔ آپ کتنے ہی بڑے شخص ہوں آپ کے سامنے بن کر نکلنے کا خیال اُن کے دل میں نہیں گزرے گا اللہ اور اللہ کے برگزیدہ بندوں کے سوا انہوں نے کسی کی بڑائی کے آگے کبھی سر نہیں جھکایا۔ اور کبھی کم حیثیت لوگوں پر اپنی بڑائی کی دھونس نہیں جمائی۔

ایک طرف ان کی یہ حالت تھی کہ گنے چنے دو چار احباب کے درمیان بیٹھے ہیں۔ یکایک کوئی اجنبی آگیا اور مولانا نے ایک کہی نہ دو کہی اور اُٹھ کھڑے ہوئے۔ خاص مولانا ہی کے ملنے کی کسی نے زحمت گوارا کی ہے اور مولانا اس سے بات کرتے گھبرا رہے ہیں۔

بائیس تئیس برس کی بات ہے۔ مولانا جامع مسجد کے نیچے سے چلے آتے تھے دہلی کے ایک مشہور شاعر نے مولانا کو آواز دی۔ پنجاب کے ایک بڑے آدمی شاعر صاحب کے ہمراہ تھے۔ شاعر صاحب نے کہا: "مولانا یہ فلاں صاحب ہیں، آپ کی زیارت کے مشتاق تھے۔" مولانا دو سیکنڈ رکے اور فرمایا۔ "اچھا" اور روانہ ہوگئے۔ سو ایک طرف تو یہ حالت تھی اور دوسری طرف دیکھنے والوں نے دیکھا ہے کہ رمضان کا مہینہ۔ جمعہ کی شام۔ سینکڑوں مرد عورت مولانا کے ہاں سے کھانا لے جا رہے ہیں۔ ایک بڈھے کو مولانا نے اپنے ہاتھ سے کھانا لا کر دیا۔ اور پھر دور تک اس سے باتیں کرتے چلے گئے۔ یہ مولانا کے بچپن کے یار تھے۔ لنگوٹیے یار۔ بچپن میں انسان ہر درجہ اور ہر حیثیت کے بچوں میں اٹھتا بیٹھتا ہے۔ مگر بڑا ہو کر سب کو

بھول جاتا ہے۔

مولانا نے جوانی میں لڑنت کی تھی۔ ایک پہلوان ان کے ہم عمر ابھی مرے ہیں ان سے بس یہ وضع تھی کہ آمنا سامنا ہوا اور مولانا کا چہرہ کھل گیا۔ اور بغلیں کھل گئیں۔ اب سینہ آگے ابھارے جاتے ہیں۔ قریب پہنچے اور پہلوان صاحب کو گلے لگا لیا۔ مزاج پرسی کی۔ بال بچوں کو پوچھا۔ ایک آدھ ہنسی کی بات کی اور رخصت حضرت شاہ ولی اللہ رحؒ اور حضرت شاہ عبد العزیز رحؒ کے خاندانی قبرستان مہندیوں میں ستر اسی برس کے ایک صاحب رہتے ہیں۔ ان کا اسم گرامی بھی عبد العزیز ہے۔ بہت سیدھے سادے بھولے بھالے اور نیک آدمی ہیں۔ مگر زبان اور طرز گفتگو کرخنداری ہے۔ مولانا کی اور عبد العزیز صاحب کی بڑی مزیدار باتیں ہوا کرتی تھیں۔ یہ مولانا کو جہاں مل جاتے وہیں مولانا ان سے گھل مل کر باتیں شروع کر دیتے۔ ایک دفعہ کی باتیں سنئے۔

حضرت سلطان نظام الدین اولیاء کی سترھویں تھی۔ مولانا فیض بازار کی پٹڑی پر کھڑے سترھویں میں جانے والوں کے تانگوں اور موٹروں کا تماشہ دیکھ رہے تھے کہ عبد العزیز صاحب تشریف لے آئے۔ مولانا نے پوچھا۔ کہاں سے؟ عبد العزیز صاحب بولے "میاں سلطان جی سے چلا آتا ہوں۔ میاں وہاں ہُن برس رہا ہے ہُن۔" مولانا نے فرمایا: "عبد العزیز تمھیں رشک آتا ہے تو تم بھی پیری مریدی کرنے لگو۔" عبد العزیز بولے: "میاں ہمیں رشک کاہے کو آنے لگا۔ مولوی صاحب: تم نے قرآن تو پڑھا ہوگا۔ اللہ تعالیٰ فرماتا ہے۔ بندے سارے گناہ معاف کر دوں گا۔ ایک سے لے کر ہزار گناہ کر کے آجا۔ کوئی مضائقہ نہیں لیکن اگر

تونے شرک کیا تو سمجھ لے بخشوں گا نہیں۔"

بے پڑھے لکھے دوستوں سے مولانا اس طرح ملتے تھے جیسے خود بھی پڑھے لکھے نہیں ہیں۔ عبدالعزیز کے اس سوال سے کہ تم نے قرآن تو پڑھا ہو گا صاف معلوم ہوتا ہے کہ یہ دوست انھیں اپنے سے روپے پیسے میں اونچا سمجھتے تھے اور یہ ایسا فرق تھا جسے مولانا چھپا نہ سکتے تھے۔ ورنہ مولانا نے انھیں یہ محسوس نہ ہونے دیا کہ مولانا ستر اسّی کتابوں کے مصنف ہیں۔ لڑکیوں کی تعلیم و تربیت کے لیے اتنی جد و جہد کر چکے ہیں کہ دنیا ان کی گرویدہ ہے۔ ملک کے مصلحوں میں ان کا شمار ہے۔

مولانا جاہل دوستوں کو کیا محسوس کراتے خود ان کو اپنے بلند مرتبہ کا احساس نہ تھا۔ دنیا ان کی بابت کیا رائے رکھتی ہے وہ اسے سوچتے بھی نہ تھے۔ ۱۸۵۷ء کے بہت بعد تک دلّی پرانے لوگوں سے بھری رہی۔ مولانا نے ان کی صحبت پائی تھی اور قدیم تہذیب کا دم مولانا کے سامنے ٹوٹتا تھا۔ ۱۹۳۲ء میں اب سے دور خواجہ فضل احمد صاحب کی لڑکی جو اس وقت سیکر میں تھی سخت بیمار پڑ گئی۔ جس کی وجہ سے خواجہ فضل احمد بہت پریشان تھے۔ اس کی خبر پا کر مولانا دن میں کئی کئی بار خواجہ فضل احمد صاحب کے ہاں جاتے اور دریافت کرتے۔ کوئی خبر آئی۔ کوئی خط آیا۔ کوئی تار آیا اور ہر طرح تسلی تشفی دیتے۔

خواجہ فضل احمد صاحب کا بیان ہے کہ جس دن میں سیکر روانہ ہونے لگا ہوں اس دن بہت دیر مولانا میرے پاس ٹھیرے۔ چلنے لگا تو قریب آکر کان میں کہا۔ "روپے کی ضرورت تو نہیں ہے؟" میں نے جواب دیا "نہیں۔ الحمدللہ"۔ لیکن

اُن کی اس دل سوزی کی ادا سے جی باغ باغ ہوگیا۔ اور قدیم دوستوں کے جو تذکرے اگلے بزرگوں سے سنے تھے اُن کی تصویر آنکھوں کے سامنے پھر گئی۔

مولانا شادی کی محفلوں میں زیادہ شریک نہ ہوتے تھے لیکن تکلیف اور غم اپنے تو اپنے غیروں کے ہاں بھی سنتے تو تڑپ جاتے۔ غریب سے غریب مسلمان کے جنازے کے ساتھ چالیس قدم جانا اب صرف مولانا پر فرض رہ گیا تھا۔

نصیر خاں اور اس کی بیوی مولانا کے "تربیت گاہ بنات" میں ملازم تھے۔ بڑھیا بچیوں کو گھروں سے لانے کا کام کرتی تھی اور بڈھے کے سپرد ڈیوڑھی بانی تھی۔ بڈھا مرنے لگا تو بیگم راشد الخیری کو ساتھ لے کر اس کے تنگ اور تاریک مکان میں جا بیٹھے اور پوری رات مرنے والے کے سرہانے آنکھوں میں کاٹ دی۔

ملّا واحدی

شمس العلماء مولانا الطاف حسین حالی

شعرِ حالی بہ ادنیٰ تصرف

تذکرہ حالیِ مرحوم کا اے خواجہ نہ چھیڑ — نہ سُنا جائے گا ہم سے یہ فسانہ ہرگز
رہگیروں کا بندھا ہے تانتا — ایک ہے آتا. ایک ہے جاتا
جو آیا اس کو ہے جانا — جو کہ گیا اس کو نہیں آنا

سب مرتے آئے ہیں اور مرتے چلے جائیں گے. دو آنسو بہائے. چار دن خیال آیا. دن گزرے بھول گئے. نہ نام ہے نہ نشان ہے. مگر ایسے بھی مرتے ہیں جو نام ونشان چھوڑ مرتے ہیں. برسوں اُن کے ذکر ہوتے ہیں. صدیوں ان کے تذکرے رہتے ہیں جنھوں نے دیکھا ان کی تو کیا بات جنھوں نے نہیں دیکھا وہ بھی یاد کرتے ہیں اور کفِ افسوس ملتے ہیں کہ ہائے وہ صحبت نصیب نہیں ہوئی. ان کا ایک ایک بول انمول ہوتا ہے ان کی ایک ایک بات لاکھ روپے کی. زندگی کے واقعات کا کھوج لگایا جاتا ہے، پڑھتے ہیں. سنتے ہیں اور خوش ہوتے ہیں. یہی آدمی زندۂ جاوید ہیں. یہ عرف عام ہے. بے معنی بھی نہیں. اور بامعنی بھی نہیں. زوال ذاتِ لایزال کے سوا لیس ہے. دیر اور زود کا سوال ہے. ادھر زبان مری ادھر اس کے ادیب فنا ہوئے. دست بُردِ روزگار نے کسی کو چھوڑا ہے. کیا جانے کتنے سعدی اور حافظ ہوئے ہوں گے. جن کا آج نام تک باقی نہیں. خیر جو کچھ بھی ہو. زندۂ جاوید ہستیوں میں سے ایک حالی بھی ہیں. ان کی صحبت اور ان کے واقعات جو آپ بیتے ہیں ان کے لئے بھی ایک دفتر درکار ہے. اس

مختصر تقریر میں آنا محال. جو کچھ بن پڑے گا عرض کروں گا۔ اور ذکر حبیب سے خوش کروں گا۔

ان (خواجہ حالیؔ) سے خاندانی تعلقات میرے دنیا میں آنے سے پہلے کے ہیں۔ نواب کرم اللہ خاں شیدؔا۔ اور مولوی عبدالرحیم خاں بیدلؔ میرے چچا اور باوا ان کے رات دن کے ہمنشین اور مرتے دم تک کے ساتھی۔ ہیں ان کا بچہ۔ ہوش سنبھالا. تو حالیؔ کو دیکھا۔ دیکھا نہیں. گود دں میں پلا۔ پھر حیدرآباد دکن چلا جانا ہوا۔ اور یہ صحبت ختم ہوگئی۔ حالیؔ کے دو شعر میرے دعویٰ کی دلیل ہیں۔

بختِ ہمداستانیِ شیدؔا تو نے آخر کو نارسائی کی!
صحبتِ گاہ گاہی رخشیؔ تو نے بھی ہم سے بے وفائی کی

شیدؔا نواب کرم اللہ خاں کا تخلص۔ اور رخشیؔ نواب محمد علی خاں نواب جہانگیر آباد کا۔ یہ اس زمانہ کے شعر ہیں جب حالیؔ روزگار کی خاطر لاہور چلے گئے تھے۔ اسی زمانہ کا ایک اور شعر ملاحظہ ہو۔ یہ بھی میرے قول کی تائید میں ہے۔

دلیؔ سے نکلتے ہی ہوا جینے سے دل سیر
گویا نہ رہا اب کہیں دُنیا میں ٹھکانا

اس وقت معاش کی تنگی دل تنگی کا باعث تھی۔ غدر کے بعد سارے دلیؔ والے بے مایہ اور تتر بتر ہو گئے تھے۔ حالیؔ بھی ان ہی میں تھے۔ ہنر کی پرُس و جو جاتی رہی تھی۔ اس کی شکایت کیا۔ حالیؔ کے حال میں یہ حالتِ بد بدیر قائم نہ رہی عہد جو در اصل پختہ کاری کا زمانہ ہے۔ شکر ہے کہ حالیؔ پہ خوش حالی اور فارغ البالی

میں تو نہیں گزرا مگر فکر معاش سے بے فکری ہو گئی۔ حیدر آباد کی سرکار سے وظیفہ مقرر ہو گیا۔ یعنے گزارے کی صورت نکل آئی۔

خواجہ حالی سر سید کے وفد میں شریک حیدر آباد تشریف لاتے ہیں۔ اس وقت بندہ کی عمر بارہ تیرہ برس کی ہے۔ وفد بشیر باغ میں اتارا جاتا ہے۔ سرکاری مہمان ہوتا ہے۔ جلسے ہوتے ہیں۔ لکچر بازیاں ہوتی ہیں۔ یہ خاکسار ان صحبتوں میں حاضر ہوتا ہے۔ حالی کا کلام اور سر سید کے لکچر سنتا ہے۔ وفد وداع ہوتا ہے اور سرکاری مہمانداری ختم۔ حالی کا کچھ اور قیام کا خیال ہے۔ ہمارے غریب خانہ پر اٹھ آتے ہیں۔ والد مرحوم کی حیدر آباد کے امرا اور اعلیٰ عہدہ داروں کے مقابلہ میں کیا بساط تھی۔ رہنے کو نہ محل نہ کوٹھی۔ معمولی ہندوستانی مکان۔ مگر وسیع اور عمدہ آب و ہوا۔ شہر سے فاصلہ پر سواری کو ہماری ایک گھوڑے کی ہر دم گاڑی۔ نہ جوڑی۔ نہ چوکری۔ مگر اس اللہ کے بندے نے اسی کو ترجیح دی۔ امرا کا اصرار ہوا عہدہ داروں کا تقاضہ۔ مگر اس طرف سے صاف انکار۔ سب سے زیادہ سید حسین بلگرامی نے بار بار ہمارے گھر پر آکر حالی صاحب کو دعوتِ قیام دی۔ جواب یہ ملا کہ جس خاندان کا ہمیشہ مہمان رہا ہوں اسی کا مہمان رہوں گا۔ اس کے خلاف وضعداری کے خلاف۔ یہ خوش گوار صحبت مہینہ سوا مہینہ تک رہی۔ پھر حالی وطن سدھارے اور بقول ان کے یہ کہنا پڑا۔ ناؤ کا سا سنجوگ ہے یاں کا۔ پھر ایک زمانہ گزر گیا۔ ہم کہاں اور حالی کہاں۔ والد مرحوم سے خط و کتابت جاری تھی۔ غزلیں جاتی تھیں اور اصلاح ہو کر آتی تھیں۔ اپنے تازہ کلام سے بھی یاد فرماتے رہتے مزے لے لے کر پڑھتے اور یاروں کو سنانے۔ بچپن کا حافظہ۔ حفظ بھی ہو جاتا تھا۔

یہ سارا ذخیرہ موجود تھا مگر حالیؔ کے صاحبزادہ نے مجھ سے لے لیا۔

یہاں ایک بات قابل ذکر ہے، یہ ہم نے صرف دو شاعروں ہی میں پائی ہے ایک حالیؔ دوسرے داغؔ۔ دونوں نخرہائے نہ تھے۔ باقی جتنے دیکھے۔ نہ کچھ تھے نہ بات۔ مگر نخروں میں طاق۔ حالیؔ کے پاس جہاں کوئی آیا۔ اس کی رغبت کلام کی طرف پائی۔ فوراً بیاض کھول بیٹھے اور سنانا شروع کر دیا۔ دوسروں کا کلام بھی بخندہ پیشانی سنتے اور خوب داد دیتے۔ ایک واقعہ اسی قبیل کا عرض کرتا ہوں۔ اگرچہ بہت بعد کا ہے۔ مسٹر سین جو اس وقت دہلی یونیورسٹی کے رجسٹرار ہیں۔ یہ میرے مشن کالج کے ساتھی پروفیسر ہیں، حالیؔ صاحب دہلی آئے ہوئے تھے۔ اور ہمارے مہمان۔ ان سے بھی تذکرہ آیا۔ ملاقات کا شوق ظاہر کیا۔ میں ساتھ لئے چلا آیا۔ تعارف اس عنوان سے ہوا۔ کہ صاحب موصوف فلسفہ کے پروفیسر ہیں اور اپنے فن میں یکتائے روزگار۔ انہوں نے عرض کیا کہ وہ اپنے قلم سے کچھ لکھ دیں اور یہ بطریق یادگار حرز جاں بنا کر رکھیں۔ بلا تکلف ایک کاغذ کا پرزہ لے اس پر یہ رباعی لکھ حوالے کی جو اُن کے حسب حال ہے۔ غالباً انہوں نے اچھی طرح رکھ چھوڑی ہوگی۔

ہندو نے صنم میں جلوہ پایا تیرا آتش پہ مغاں نے راگ گایا تیرا
دہری نے کیا دہر سے تعبیر تجھے انکار کسی سے بن نہ آیا تیرا

مجھ سے زیادہ میری بیوی سے ان کو تعلق تھا۔ وہ نواب کرم اللہ کی متبنٰی صاحبزادی، ہم تو حیدرآباد بھی چلے گئے۔ مگر ان کا تو یہیں کا رہنا سہنا۔ اور ان کا روز کا آنا جانا۔ پھر آپس کا ربط ضبط۔ جتنا تعلق ہوتا کم تھا۔ یہ وہ زمانہ ہے کہ ہمارے خاندان میں پردہ کی وہ شدت تھی کہ الامان۔ زنان خانہ میں پرندہ

پرنہ مارتا تھا۔ مگر میری بیوی کا ان سے پردہ نہ تھا۔ میری شادی کے بعد کبھی ایسا نہیں ہوا کہ حالی تشریف لائے ہوں اور آتے جاتے گھر میں اس پاس ہو کر نہ گئے ہوں۔ آخر مرتبہ جب دہلی تشریف لائے اور رخصت ہونے کو گھر میں آئے تو میں بھی موجود تھا۔ صحت میں کوئی خاص خرابی نہ تھی ضعفِ پیری ضرور تھا۔ جاتے وقت فرمانے لگے۔ بیٹی خدا حافظ۔ اب ملنا نہیں ہوگا۔ وہ رونے لگی۔ یہ بھی آبدیدہ ہوگئے واقعی اس کے بعد وہ ان سے نہ مل سکی۔ وہ دہلی آئے مگر مفلوج۔ ایک کوٹھی میں اترے میں بار بار گیا مگر پردہ کی وجہ سے وہ نہ جا سکی۔ اس زمانہ میں گویائی بالکل مفقود تو نہیں ہوگئی تھی مگر مشکل سے ایک دو لفظ بول سکتے تھے۔ پہلی مرتبہ جب سول سرجن معائنہ کو آیا میں حاضر تھا۔ وہ کرسی پر بیٹھے ہوئے تھے۔ اور میز سامنے رکھی تھی میز پر سے قلم اٹھا کر سول سرجن نے ان کے سامنے کی اور پوچھا۔ یہ کیا ہے۔ یہ امتحان کے طور پر تھا۔ حالی صاحب کی عادت تھی جب ان سے سوال کیا جاتا تو سلسلۂ کلام خیر کے لفظ سے شروع کرتے۔ اور یہ ایک خاص لہجہ میں ہوتا تھا۔ پھر ایک تبسم کی کیفیت چہرہ پر نمایاں ہوتی جس کا لطف دیکھنے ہی پر منحصر ہے۔ چنانچہ اس وقت بھی خیر کا لفظ عادت کے موافق آہستہ سے کہا اور مسکرائے۔ ایسا معلوم ہوتا تھا کہ وہ سول سرجن کے اس سوال پر ہنستے ہیں۔ اور کہتے ہیں کہ میں ایسا بیہوش نہیں ہوں۔ پھر قلم کا لفظ منہ سے نکلا۔

اس کے بعد حالی صاحب پانی پت چلے گئے۔ اور میرے یہ خدمت سپرد ہوئی کہ وہاں سے جو کیفیت مریض کی لکھی ہوئی آئے سول سرجن سے کہہ دیا کروں۔ جو جواب ملے لکھ بھیجا کروں۔ یہ کام چند ماہ تک جاری رہا۔ پھر ان کا انتقال ہوگیا

جس دن میں ان کو چپ دیکھ کر آیا تھا دل ملول اور خاطر متاثر تھی۔ اسی حالت میں یہ چند شعر موزوں ہوئے۔ جو حاضر ہیں۔

یہ احوال حالی کا خواجہ سے کہہ دو — ہے زندہ مگر اس کو چپ لگ گئی ہے
یہ حالی نہیں اُس کا بت ہو تو ہو یہ — مگر کس بلا کی یہ کاریگری ہے
سکوتِ مجسم تعجّب کی جا ہے — خموشی تو ضرب المثل موت کی ہے
سزائیں بہت ملتی دیکھی ہیں لیکن — مگر یہ سزا تو نرالی ملی ہے
جو بکوا سیا ہو اُسے چپ لگا دو — زباں تم نے بلبل کی کیوں چھین لی ہے
ہر اک بات سے پھول جھڑتے ہیں اسکی — یہ بیں شعر یا پھولواڑی لگی ہے

اس زمانہ کا ایک اور واقعہ سنئے۔ آخری مرتبہ صحت کی حالت میں جب حالی صاحب دہلی تشریف لائے تو میرے لڑکے خواجہ محمد شفیع کی عمر کوئی پانچ چھ برس کی ہوگی۔ ان کے دو لاڈلوں کا لاڈلا۔ خدمت میں حاضر ہوا اور عرض کی میرے واسطے کوئی شعر کہہ دیجیئے۔ وعدہ کرلیا۔ مگر جب جانے لگے تو اس سے کہتے گئے کہ میٹا میں نے بہت کوشش کی۔ مگر اب دماغ میں شعر کہنے کی طاقت باقی نہیں۔

اسی زمانہ کا ایک اور واقعہ عرض ہے۔ میں حالی صاحب کی خدمت میں حاضر تھا۔ سامنے سے شفیع کھیلتا ہوا گزرا۔ میں نے "تو" کہہ کر مخاطب کیا۔ بولے۔ تم اس کو تُو کہہ کر نہ پکارا کرو۔ بچوں سے اس طرح نہیں بولنا چاہیئے۔ اس سے ان میں سیلف رسپکٹ (self respect) کم ہو جاتی ہے۔

جب میرے والد کا انتقال ہوا۔ تو حالی صاحب زندہ تھے۔ اطلاع ہوئی تو تعزیت نامہ لکھوا کر بھیجا۔ اپنے ہاتھ سے معذرت میں صرف ایک سطر لکھ دی

اب میں اس سفر کے حالات بیان کرتا ہوں. جو ان کی ہمراہی میں پیش آیا. یہ وہ زمانہ ہے کہ حیدر آباد میں اعلیٰ حضرت میر محبوب علی شاہ دکن کی جوبلی کی تیاریاں ہیں۔ سر اکبر حیدری نے حالی کو حیدر آباد بلایا۔ منشا یہ تھا کہ اس بادشاہ دکن کے عہد کی ان سے تاریخ لکھوائی جائے۔ میرا بھی قصد حیدر آباد کا تھا جشن میں شرکت کی غرض سے نہیں. دیدار احباب کے لئے۔ چنانچہ جشن کی تاریخوں سے قبل ہی واپس ہو گیا۔ میری اور حالی صاحب کی تاریخ روانگی میں اختلاف تھا. میں پابند وہ آزاد میری خاطر جانا ملتوی کر دیا۔ غرض میری صحبت نہ تھی. سفر میں سہولت مدِ نظر تھی. عمر زیادہ ہو جانے کی وجہ سے کوئی تن کا آدمی ہونا ضرور تھا۔ بڑے صاحبزادے ساتھ تھے۔ حالی صاحب دنیا کے کاروبار سے بے خبر. یہ صاحبزادے ان سے بھی زیادہ. بالکل اللہ والے۔ یہ استعارہ نہیں حقیقت ہے۔ میرن صاحب بھی ہم سفر تھے۔ آپ میرن ان کا بھی تھوڑا حال سن لیجئے. یہ وہی میرن صاحب ہیں جن کا ذکر بار بار رقعاتِ غالب میں آتا ہے. حسن و جمال میں فرد اور نیک مزاجی میں یکتا۔ لازم و ملزوم آواز میں سوز. سوز خوانی اختیار کی. با کمال ہوئے. میں نے انھیں بڈھا دیکھا ہر روز کا آنا جانا تھا۔ کھنڈر رہ گیا تھا۔ مگر گزشتہ جاہ و جلال جھلک رہا تھا. دانت مفقود مگر آواز میں سوز و گداز موجود. فن موسیقی کی مہارت ماہران فن کو شرمندہ کرنے والی. غالب کی برکت کہئے یا سر اکبر حیدری کی قدر شناسی اور ہنر پروری یہ بھی حیدر آباد اس موقع پر طلب ہوئے۔ پھر حسب حیثیت وظیفہ سے فیضیاب ہوئے دعائے دولت و اقبال میں زندگی کے آخری لمحے آرام سے گزار چل بسے۔ ہم تینوں سکنڈ کلاس میں تھے اور میرن صاحب تھرڈ میں. مگر یہاں سے منماڑ تک. وہاں سے ان کا

بھی سیکنڈ کا ہی ٹکٹ لیا گیا۔ یہاں کا ایک لطیفہ قابل عرض ہے۔ اب تک مجھے یاد ہے جو ریل براہ اورنگ آباد جا رہی تھی۔ اس پر سوار ہوئے۔ اول تو یہ چھوٹی لائن۔ اس پر طرہ یہ کہ جدید جاری شدہ۔ بہت سست چلتی تھی۔ دل اکتایا جاتا تھا۔ حالی صاحب نے میرن صاحب سے کہا۔ بھائی یہ تو جوں کی چال چلتی ہے۔ میرن صاحب کی طبیعت بات میں کچھ اضافہ کئے بغیر کیسے مانتے۔ وہ بولے۔ اے جناب یہ تو پیٹ والی جوں کی چال چلتی ہے۔ میں اور حالی صاحب یہ سن کر ہنس پڑے۔ میرن صاحب نے خوب کلام میں اضافہ کیا۔ ایک اور مصیبت پیش آئی۔ انگریزی ہندوستانی کسی قسم کے کھانے کا اسٹیشنوں پر انتظام نہ تھا۔ توشہ ختم ہو چکا تھا بھوکے ٹھٹھاتے خدا خدا کرکے حیدرآباد پہنچے۔ حالی صاحب اور میرن صاحب تو سرکاری مہمان تھے۔ لاجواب جوڑی گاڑی میں سوار ہو "نظام کلب" کے قصر کی طرف فراٹے بھرتے ہوئے روانہ ہوئے۔ ہمارے لینے کو تلاوت علی پاشا جو اب تلاوت جنگ بہادر ہیں ان کی ٹوٹی پھوٹی بردم گاڑی۔ اس میں مریل گھوڑا جتا ہوا حاضر تھی ہم ٹخ ٹخ کرتے ان کے گھر پہنچے۔ گھر بھی کہنہ اور فرسودہ۔ باپ دادا کے وقت کا۔ کہاں یہ گھر۔ کہاں نظام کلب۔ مگر یہاں الفت و صلاح تھی اور وہاں جاہ و فلاح۔ خود سمجھ لیجئے کس کو ترجیح ہے۔ اللہ تعالیٰ کا شکر ہے کہ ان آنکھوں نے اب اس گھر کو Palace بنتے دیکھا۔ اگر قدیم زمانہ ہوتا تو ہاتھی جھومتے ہوتے۔ روشن چوکی بجتی ہوتی۔ اب ہاتھیوں کی جگہ موٹریں ہیں اور روشن چوکی کی بجائے اس کے ہارن۔ یہی حضرت ہیں جن کی خاطر حیدرآباد کا سفر اختیار کیا تھا۔ اور کرتا رہتا ہوں ورنہ میں کہاں اور حیدرآباد کہاں۔ اس شہر سے اُلفت ضرور ہے۔ شباب یہیں

گزرا۔ تعلیم و تربیت یہیں کا طفیل ہے مگر سوائے ان کے کسی اور ذات سے خاص تعلق نہیں۔ یہاں کا ایک اور واقعہ سنئے۔ چونکہ حالی صاحب کا ہمسفر تھا لازمی تھا کہ کم سے کم ایک مرتبہ تو ان کے فرودگاہ پر حاضر ہو جاؤں۔ میں گیا تو وہ خانہ باغ میں چبوترہ پر تشریف فرما تھے۔ اور ایک نربداپار کے صاحب ہمنشین۔ یہ صاحب ریاست میں ملازم تھے۔ پھر ملازمت ترک کر دی۔ الحمدللہ اب بھی بقید حیات ہیں نظم و نثر دونوں کے ماہر ہیں۔ اپنا جواب نہیں رکھتے۔ ساتھ کے ساتھ بدتمیزی میں بھی یگانۂ روزگار ہیں۔ میں نے حالی صاحب سے کچھ کہا۔ پہلی ہی ملاقات اور فوراً اعتراض جڑ دیا۔ شاید دہلی والوں سے بددل ہوں گے۔ حالی صاحب سے اپنے اعتراض پر تائید چاہی۔ میں نے صرف اسی قدر جواب دیا۔ کہ دہلی کا محاورہ یہی ہے۔ چونکہ حالی ہی مخاطب تھے۔ فرمانے لگے۔ آپ یہ کیا فرماتے ہیں۔ یہ اس خاندان کا آدمی ہے کہ اگر غلط بھی بولے تو میں اُسے صحیح تسلیم کر لوں گا اور اپنی زبان کی اصلاح کروں گا۔ میں تھوڑی دیر بیٹھا رہا۔ مگر ان صاحب کی صحبت سے کبیدہ خاطر۔ کچھ دیر بعد اجازت طلب کرنے پر رخصت کر دیا۔

واقعات تو بہت ہیں مگر بیان کا یارا نہیں دل امنڈا چلا آتا ہے۔

خواجہ عبدالمجید دہلوی

شمس العلما مولانا نذیر احمد دہلوی

سن انیس سو تین یا چار کا ذکر ہے کہ لاہور میں حاجی شمس الدین کی طرف سے ایک لمبا چوڑا اشتہار جا بجا چسپاں ہوا اور تقسیم بھی. اس کا عنوان تھا "انجمن حمایت اسلام کا سالانہ جلسہ". ایک اشتہار چلتے پھرتے کہیں کسی نے ہمیں بھی دے دیا. پڑھا تو معلوم ہوا کہ بہت سے اکابر قوم اس جلسہ کی شرکت کی غرض سے باہر سے بھی آرہے ہیں. انھیں میں ایک نام شمس العلما مولوی حافظ ڈاکٹر نذیر احمد صاحب ایل. ایل. ڈی. او. ایل مرحوم کا بھی تھا. ساتھ ہی یہ بھی لکھا تھا کہ مولانا حسب معمول تقریر بھی کریں گے. مولانا کے نام اور کام سے ہم پہلے سے آشنا تھے. تقریر سننے کا بھی کچھ اتفاق نہیں ہوا تھا شہرت البتہ سنی تھی. بڑے شوق سے جلسہ کی تاریخوں کا انتظار کرنے لگے. اور وقت پر پروگرام بھی منگالیا.

اس زمانہ میں لاہور کا اسلامیہ کالج جو آجکل کی طرح انجمن حمایت اسلام کی ایک کمیٹی کے ہاتھ میں تھا "شیرانوالہ" دروازہ کے قریب واقع تھا. اور کالج کی انگنائی جس کے ہر چار طرف دو منزلہ عمارت کھڑی تھی. اچھی خاصی وسیع تھی. اس میں انجمن کا یہ سالانہ جلسہ ہوا کرتا تھا. اور کالج کے لئے چندہ جمع کیا جاتا تھا. کالج کا دارومدار بہت کچھ اسی چندہ پر تھا. اور لاہور میں مشہور تھا کہ انجمن میں چندہ برسا کرتا ہے. مولانا نذیر احمد کی تقریر اور علامہ سر ڈاکٹر محمد اقبال کی نظم پر. اقبال مرحوم اس وقت تک نہ ڈاکٹر تھے. نہ سر. نہ علامہ. تاہم ان کا آغاز انجام کی پیشین گوئی کر رہا تھا. آخر

میں باری آیا کرتی تھی. مرزا ارشد گورگانی کی رباعیات اور مخمسات کی. اور وہ انجمن کے لئے لوگوں کی جیبیں جھاڑ لیا کرتے تھے. اسی لئے وہ ان جلسوں میں جیبت کترے کہلاتے تھے.

غرض جلسہ کی تاریخ آئی اور تین دن کے تین جلسے قرار پائے. پہلے دن کے اجلاس کے وسط میں ڈاکٹر سر محمد اقبال مرحوم نے غزل کے انداز میں ایک قومی نظم پڑھی. "ہوتی آئی ہے کہ اچھوں کو برا کہتے ہیں" ہر طرف سے واہ۔ واہ. جزاک اللہ اور سبحان اللہ کی صدائیں گرج بن کر گونجیں. روپے کا مینہ برسنے لگا. اور ایسا برسا کہ جھڑی لگ گئی. دوسرے دن ٹھیک پہلے دن کی طرح کوئی گیارہ بجے کے قریب مولانا نذیر احمد مرحوم کی باری آئی. ہم نے انھیں کبھی دیکھا نہ تھا. آنکھیں پھاڑ پھاڑ کر اسٹیج کی طرف دیکھنا شروع کیا. دفعتاً دیکھا کہ اسٹیج کے ایک طرف سے سرخ سفید ذری بانات کی سی ایک گول مول پوری سی چٹ اپنی جگہ سے ہلی اور چشم زدن میں اسٹیج کے وسط میں میز کے قریب آ ٹھیری. آنکھ مل کر دیکھا تو یہی ڈاکٹر مولوی حافظ نذیر احمد دہلوی تھے. چیرز کا رہ رہ کر وہ شور رہا کہ کان کے پردے پھٹنے لگے. اب جو دیکھا تو تو مولانا دونوں ہاتھ پھیلائے کھڑے ہیں. اور ہاتھوں سے بس بس کا اشارہ کر رہے ہیں ایل. ایل. ڈی کے سر پر چپٹی سہ گوشہ سرخ بیر بہٹی ٹوپی ہے. اور بدن پر ڈھیلی ڈھالی گھیر دار تھیلا سی آستینوں کی لال گاؤن. مولانا کا پستی مائل قد. اس پر یہ سر سے پاؤں تک لال بھبوکا جھال بصورت حال بالکل یہ ہو گئی جیسے کسی نے بھیروں جی کی مورت سے پردہ ہٹا دیا ہو. مگر آواز جو گرج بن کر میز کے قریب سے اٹھی وہ یہ تھی. السلام علیکم ورحمتہ اللہ وبرکاتہٗ. حضرات آپ اور آپ کے سیکرٹری

صاحب حاجی شمس الدین سال بہ سال مجھے جلسے کی دعوت بھیج دیتے ہیں. جواب دیتا ہوں. بشرط فرصت آؤں گا. ڈاکٹ پہنچتا ہے. شرط کی صحیح نہیں ضرور آنا پڑیگا ابھی جلسہ میں دن باقی ہوتے ہیں. خطوں کا تار بندھ جاتا ہے. کس دن آئیے گا۔ اور کس وقت. آخر تار کھڑکنے لگتے ہیں. اگر آپ نہ آئے۔ انجمن اور کالج کی بدحالی کا مظلمہ کس پر ہوگا. قہر درویش بجان درویش۔ چلا آتا ہوں کہ کالج اور انجمن سے تعلق خاطر ہے. مگر میں بیزار ہو کر ایک دفعہ پنجاب سے بھاگ چکا ہوں. اب انجمن سے بھی بیزاری کے اسباب پیدا ہوتے جاتے ہیں. بس اب میں نہ آیا کروں گا. ہرگز نہ آیا کروں گا اور سچی بات یہ ہے کہ اب میرے آنے کی ضرورت بھی باقی نہیں رہی ہے. سر محمد اقبال وغیرہ کی طرف اشارہ کرتے ہوئے۔ اب یہ لوگ میرا کام کر لیتے ہیں. اس پر چاروں طرف سے شور ہوا۔ ”نہیں نہیں یہ آپ کیا فرماتے ہیں. جی نہیں میں صحیح کہتا ہوں اور بالکل صحیح۔ آپ نے دیکھا نہیں میں دلی سے چل کر آیا ہوں. از خود نہیں۔ بار بار کے اصرار پر آیا. اپنے بہت سے کام چھوڑ کر آیا. مگر میرے لئے آپ کے سکرٹری صاحب نے وقت رکھا ہے چالیس منٹ. یعنی اونٹ کے منہ میں زیرا بھلا اس وقت میں میرا کیا بھلا ہوتا ہے. بعض لوگ کہیں گے اور ضرور کہیں گے۔ آپ کا لکچر تو چھپا ہوا ہوتا ہے. تقسیم ہونے پر خود پڑھ لیں گے۔ بجا ہے۔ بیشک لکچر چھپا ہوا میرے ساتھ ہے۔ لیکن میری مرضی یہ نہیں. خود آپ کے اصرار سے۔ مانا کہ وہ تقسیم ہوگا. لوگ اسے پڑھیں گے بھی. لیکن کیا میں کبھی پابند رہا ہوں۔ کہ جو لکھکر لاؤں وہی پڑھوں بھی۔ وہی زبان سے کہوں بھی. لیکچر گھر پر لکھتا ہوں. یہاں آتا ہوں۔ جو مناسب وقت ہوتا ہے کہتا ہوں۔ فرض کر لیجیے کہ جو لکھ کر لایا ہوں وہی

وہی زبان سے کہوں بھی۔لیکن میرا چھپا ہوا لیکچر پڑھنے والے میری زبان۔میرا بیان میری آواز۔میرا انداز کہاں سے لائیں گے۔کیا وہ بھی میرے چھپے ہوئے لیکچر میں مل سکتا ہے۔

کہاں سے لائے گی بلبل زباں میری دہن میرا

آپ نے ذوق کا شعر سنا نہیں۔ دیکھنا کیا خوب ہے۔ واقعہ کی تصویر کھینچ دی ہے۔

نگہ نہیں حرف دل نشیں تھا۔دہن کی تنگی سے تنگ ہوکر
جو نکلا آنکھوں کے راستے سے تو دل میں بیٹھا خدنگ ہوکر

مولانا نے یہ شعر کچھ ایسے انداز سے پڑھا کہ تمام جلسہ یک زبان ہوکر آہا ہا کرتا رہ گیا۔ ہم نے یہ شعر پہلے بھی پڑھا تھا۔اب بھی یاد آجاتا ہے۔تو زبان سے نکل جاتا ہے۔لیکن جو لطف اس دن مولانا کی زبان سے سن کر پایا وہ کچھ اور ہی تھا اور کسی طرح نہیں بھولتا مولانا کی وہ گرج دار آواز اور اس کی لچک آج تک کانوں میں گونج رہی ہے۔اور ذرا جنبش ان کے ہاتھوں۔آنکھوں۔اور سر و گردن کی اب تک آنکھوں میں پھر رہی ہے۔

اب مولانا نے جو دیکھا کہ لوگ شعر سے متاثر ہوئے۔جھٹ شعر اور حقیقت کی بحث شروع کردی اور حقیقت کو شعر سے بڑھ چڑھ کر دکھایا۔اور اپنی تقریر کے مقصود کا سلسلہ جا پکڑا۔کہیں تھے اور کہیں جا نکلے اور مسلمانوں اور کالج کے حال کی سچی سچی باتیں کہہ کر عقل و جذبات دونوں سے کچھ اس طرح اپیل کی کہ جو کچھ دینے والے نہ تھے یا ساتھ لے کر نہ آئے تھے۔وہ بھی نقد نہیں تو وعدہ دے کر اٹھے۔مولانا نے وقت

ختم ہونے پر اپنا بیان ناتمام چھوڑا اور اپنی جگہ پر آبیٹھے۔ لوگ پکارنے لگتے ہیں فرماتے جائیے۔ فرماتے جائیے۔ جن کی باری بولنے کی آنے والی تھی۔ وہ کہتے ہیں ہمارا وقت حاضر ہے۔ اب مولانا کس کی سننے اور ماننے والے تھے۔ جانتے تھے جو کام کرنا تھا کر چکے۔ پھر اسٹیج پر نہ آنا تھا نہ آئے۔ اپنا مضمون چھپا ہوا تقسیم کرادیا اور کہہ دیا اب اسے پڑھ لو۔ پڑھا تو اس میں اور تقریر میں زمین آسمان کا فرق تھا۔ یوں ہمیں مولانا کا دور سے دیدار ہوا۔ اب ملاقات کا حال سنیئے۔

سنہ ۱۹۰۶ء میں سینٹ اسٹیفنس کالج دہلی میں عربی کے پروفیسر کی ضرورت ہوئی اخبارات میں اشتہار نکلا۔ ہماری درخواست لاہور سے ہمارے ایک شاگرد نور محمد نے ہمیں مجبور کر کے دہلی بھجوائی۔ یہاں دہلی میں کالج کے پرنسپل مسٹر اینڈ رروز گویا مولانا کے مرید تھے۔ درخواستیں آئیں تو انتخاب مولانا کے سپرد ہوا۔ مولانا کا قرعہ انتخاب ہمارے نام پر آیا۔ پرنسپل اور آنجہانی لاہور پہنچے۔ اور رنگ محل ہائی سکول سے فوراً ڈلیو کرا کے ہمیں دلی لے آئے اور کہا مولوی صاحب سے جا کر ملنا چاہیئے ہم ملتے تو ضرور۔ مگر اب جلدی کی مئی کا مہینہ۔ اتوار کا دن۔ کوئی دس بجے کا عمل ہوگا کہ ہم مولانا کے ہاں پہنچے۔ خدمتگار نے کہا اوپر ہیں۔ مردانہ سے چڑھے چلے جاؤ۔ ہم اوپر پہنچے۔ مولانا سے ملے محبت سے پیش آئے۔ اپنے انتخاب کرنے کا ذکر زبان پر نہ لائے۔ ہم نے خود شکریہ ادا کیا کہ اسکول چھڑایا اور کالج میں پہنچایا۔ اونہہ کہہ کے اور حق بحقدار کہہ کر خاموش ہو گئے۔ مگر پان پتے کی بات تک نہ پوچھی۔ آگے جا کر معلوم ہوا کہ یہی ان کے ہاں کا دستور تھا۔ اس میں خاص بے التفاتی کا شائبہ نہ تھا۔ کچھ دیر ان کے پاس ٹھیرے۔ ادھر ادھر کی باتیں بھی کیں۔ مگر حیران تھا کہ

اللہ یہ وہی ڈاکٹر مولوی حافظ شمس العلماء ایل. ایل. ڈی نذیر احمد ہیں جن کو لاہور میں اس ٹھاٹ اور عجیب وغریب لباس میں دیکھا تھا. توقع تھی کہ دلی میں انھیں اپنے گھر کے اندر غرارے. لمبے کرتے اور دو پلو ٹوپی میں تو دیکھیں گے. یہاں پہنچے تو ان کو دیکھ رہے ہیں کہ ایک نیلا میلا تہمد کمر پر لپٹا ہوا ہے. باقی بیچ ننگ دھڑنگ نہ گلے میں کرتا. نہ سر پر ٹوپی. کمرے کے پہلو میں ایک پتلی سی دری ہے. سامنے معمولی لمبی مدارس کی سی تپائی ہے. اور بس. کمرے کو جھانکا تو وہ بھی فرنیچر سے خالی. اگر میں ان کو لاہور میں نہ دیکھ چکا ہوتا تو دیکھ کر خیال بھی نہ آتا کہ یہی جناب وہ ڈپٹی نذیر احمد ہیں جو ایل. ایل. ڈی ہیں. شمس العلماء ہیں. حیدر آباد سے بیش قرار پنشن پاتے ہیں. بڑے مصنف ہیں اور تصنیف و تالیف سے لاکھوں روپے کما چکے ہیں. بار بار مولانا کے ہاں جانے اور ان سے ملنے اور باتیں کرنے کا اتفاق ہوا جب کہیں سمجھے کہ مواقع تکلف پر بھی مولانا اگر کچھ تکلف کرتے ہیں تو اہل تکلف کی خاطر. ورنہ وہ نہایت سادہ زندگی کے دل دادہ ہیں. خاص کر اپنے گھر میں. ذوق کا تھا یا نہیں. لیکن ان کا ضرور یہی مسلک ہے ؎

اے ذوق تکلف میں ہے تکلیف سراسر
آرام سے وہ ہیں جو تکلف نہیں کرتے

یہ تماشا میں دیکھ چکا. اجازت چاہی. فرمایا. بیٹھو. ایسی جلدی کیا ہے. مجھے دو باتیں کہنی بھی ہیں. اول یہ کہ ٹاؤن ہال میں ہم نے اور ذکاءاللہ نے نام ان کا تم نے سنا ہوگا اور چند اور لوگوں نے کوشش کر کے پبلک لائبریری کھولی ہے. تمھیں بھی اس کا ممبر ہونا چاہیے. پانچ روپے سالانہ اس کا چندہ ہے

کچھ زیادہ نہیں۔ ہم منشی ذکاراللہ روزانہ شام کولائبریری میں جمع ہوتے ہیں آجکل گرمی ہے۔ چھت پر بیٹھا کرتے ہیں۔ تم بھی آیا کرو۔ تفریح ہو جایا کرے گی۔ اور لوگوں سے ملاقات بھی۔ ایک پنتھ دو کاج۔ لوگوں سے ملنا جلنا اچھی بات ہے خاص کر تم سے نوجوانوں کے لئے۔ میں نے کہا۔ بہت خوب۔ ارشاد کی تعمیل کرونگا یہ سن کر فرمایا۔ دوسری بات یہ ہے کہ مجھے معلوم ہو چکا ہے کہ کالج کے طالبعلم تم سے مطمئن ہیں تاہم اگر کبھی مدد کی ضرورت ہو تو میں تمھاری مدد کو موجود ہوں۔ تکلف نہ کرنا۔" میں نے کہا "کرم اور عنایت" بولے اچھا خدا حافظ۔ مگر ہاں۔ ملتے رہا کرنا میں نے کہا انشاء اللہ کل ہی لائبریری میں حاضر ہوں گا۔ دوسرے دن ہی لائبریری کا میں ممبر بن گیا اور ٹاؤن ہال کی چھت پر پہنچا۔ یہاں مولوی ذکا اللہ خاں۔ رائے بہادر پیارے لال اور مولوی سعید الدین وکیل پہلے سے موجود تھے۔ اور یہ سب میرے لئے بالکل اجنبی تھے۔ مولانا نے خود بالفاظ مناسب ان سے تعارف کرایا۔ ہم اب اکثر اس صحبت میں جانے لگے۔

یہ صحبت بھی عجیب صحبت تھی۔ یہی چار پانچ آدمی اس میں آتے تھے۔ مگر اس شان سے کہ نہ کوئی کسی کی تعظیم کو اٹھتا ہے۔ نہ کوئی مزاج پرسی کرتا ہے۔ میں البتہ اس باب میں مستثنےٰ تھا۔ مجھے بھی منشی ذکاراللہ خاں نے اس ادب آداب سے روکنا چاہا۔ مگر مجھ سے یہ نہ ہو سکا۔ بلکہ مولوی سعیدالدین صاحب بھی دو چار روز میں میرے شریک حال ہو گئے۔ باقی بوڑھے اپنے حال پر رہے۔ آنے اور بیٹھ گئے۔ اور باتیں شروع ہو گئیں۔ دخل در معقول ہونے لگا۔ مگر ہمارا قدم شاید مبارک نہ ہوا مولوی سعیدالدین احمد صاحب جلدی ہی جج یا کچھ اور ہو کر گوالیار چلے گئے۔

پھر رائے بہادر کو ضعف پیرانہ سالی نے خانہ نشین بنا دیا۔ مولانا اور منشی صاحب بھی لگ بھگ ان ہی کی عمر کے تھے۔ رفتہ رفتہ وہ بھی آخر بیٹھ رہے۔ ان کی قائم کی ہوئی لائبریری اب ہارڈنگ لائبریری ہے۔ لیکن وہ صحبت۔ وہ لوگ اور ان کی وہ باتیں کہاں۔ جنھیں تاریخ۔ فلسفہ۔ اخلاق۔ سیاست۔ مذہب ولا مذہبی۔ تحقیق وتنقید کسی کی ثنا وصف۔ کسی کی ہجو و مذمت۔ غدر کے حالات۔ انگریزوں اور ہندوستانیوں کے مقالات۔ جگ بیتی کے ساتھ ساتھ آپ بیتی کہانیاں۔ غرض نت نئی درفشانیاں ہوتی تھیں اور کسی طرح ختم نہ ہوتی تھیں۔ اکثر کوئی داستان پاستان کہتے اور آخر میں ایک ٹھنڈی سانس لیتے اور اس پر مستزاد کرتے۔ خواب تھا جو کچھ کہ دیکھا جو سنا افسانہ تھا۔ آج ان کی باتیں تیس بتیس برس ہی میں ہمارے لئے افسانہ ہو گئی ہیں۔

مرنے سے دو ڈھائی برس پہلے تک باایں ہمہ مشغولیت دو ایک سبق حماسہ وغلبی وغیرہ کے طلبا، مدرسہ فتحپوری و دیگر مدارس عربیہ کے ان کے ہاں برابر ہوتے رہے۔ غریب اور ذہین طلبا سے بہت خوش رہتے۔ اُن کی مدد بھی کرتے اور اکثر ان سے کہتے ہیں نے بھی کئی برس تک مسجد کے حجرہ میں رہ کر اور پنجابی کٹرہ کی روٹیاں کھا کھا کر پڑھا تھا۔ دہلی کالج میں داخل ہونے پر چار روپے وظیفہ ہوا تو ان ٹکڑوں سے نجات ملی۔ محنت کرو محنت۔ ہمیں جو کچھ آیا محنت اور شوق سے آیا ہے۔ بہت دنوں تک ایک خارجی سبق کی خاطر کتاب ہاتھ میں لئے مولوی مملوک العلی کے ہوادار کے ساتھ دوڑا ہوں۔ ٹھوکریں کھا کھا کر گرا ہوں۔ یہ دیکھو گھٹنوں اور کہنیوں پر زخموں کے اب تک نشان

موجود ہیں۔ یہ کہتے اور رو پڑتے۔ لوگ امیر ہوکر اپنی سابقہ غربت و فلاکت کو چھپایا کرتے ہیں۔ مگر مولانا اس کا مبالغہ سے اظہار کرتے۔ خواہ مخواہ نہیں بلکہ اس لئے کہ لوگ ان کے حال و قال سے سبق لیں۔ غرض خدا بخشے بہت سی خوبیاں تھیں مرنے والے میں۔

مولوی عبدالرحمٰن دہلوی

پنڈت برج نرائن چکبست لکھنوی

شاعر ہو یا ادیب۔ ریفارمر ہو یا فلسفی۔ کوئی بھی اس ماحول سے متاثر ہوئے بغیر نہیں رہتا جس میں اس نے آنکھ کھولی ہو اور نشو ونما پائی ہو اور پھر وہی شخص اس ماحول کی اصلاح اور اس میں انقلاب برپا کرنے کے درپے ہو جاتا ہے۔ چکبست جن کے انتقال کو تیرہ برس کچھ مہینے ہوتے ہیں پیدا تو فیض آباد میں ہوئے تھے۔ مگر انہوں نے لکھنؤ میں ہوش سنبھالا اور وہیں تعلیم و تربیت پائی۔ مختصر یہ کہ بچپن سے آخر وقت تک وہ لکھنؤ ہی میں رہے۔ اس وقت ہر دوسرے پرانے شہروں کی طرح لکھنؤ کی اخلاقی اور سماجی حالت عموماً وہی تھی جو ایک پرانی تہذیب اور تمدن کے انتزاع اور زوال کے زمانہ میں ہوا کرتی ہے۔ ایسی ہی حالت کا خاکہ حالی مرحوم نے اپنے مسدس میں اور سرشار مبرور نے سیر کہسار وغیرہ میں اپنے اپنے طرز پر اتارا ہے۔

غرضکہ جس وقت چکبست نے ہوش سنبھالا وہ پرانی تہذیب اور کلچر جس کی تعمیر اور آراستگی میں اہل وطن کی صدیاں صرف ہوئیں۔ چراغ سحری سے زیادہ نہ تھی۔ سماج زوال کے گہرے گڑھے میں گر کر جن عیبوں اور برے شغلوں کا شکار ہو جاتا ہے وہی حال یہاں اکثر اہل ملک کا تھا۔ جو شغل پہلے کام کے بعد تفریح اور سستانے کے طور پر ہوا کرتے تھے۔ اب انھوں نے ادائے فرض کی جگہ لے لی تھی۔ اور رات دن کا مشغلہ بن گئے تھے۔ قوم کے یہ مشاغل اور

وطیرے چک بست کو نہ آنے تھے نہ آئے۔

خوش قسمتی سے چک بست معزز اور علم دوست خاندان میں پیدا ہوئے تھے۔ چنانچہ ان کے والد پنڈت ادت نرائن اچھے شاعر تھے جن کا یہ شعر یاد ہو ؎

اللہ اللہ رے اثر نالوں کا تیرے ملبل
پردۂ خاک سے گل چاک گریباں نکلا

اس سے بڑھ کر حسن اتفاق سے ان کا خاندان ایسے فرقہ کا رکن تھا جو مجھے یہ کہنے میں تامل نہیں کہ علم و فضل اور کلچر کے لئے مشہور رہے مختصر یہ کہ چک بست نے پہلے آس پاس کی خدمت کی طرف توجہ کی یعنی اپنے ہم کفو کشمیری پنڈت نوجوانوں کی اصلاح و ترقی کی طرف متوجہ ہوئے۔ چونکہ عمل کا جذبہ ابھی سے ان کے دل و دماغ میں جوش مار رہا تھا۔ انھوں نے سنہ ۱۹۰۴ء میں جبکہ ان کی عمر صرف بائیس ۲۲ برس کی تھی۔ ایک انجمن کشمیری ینگ مینز ایسوسی ایشن کے نام سے قائم کی۔ یہ ایسوسی ایشن بارہ برس تک کام کرتی رہی۔ بیکار مشاغل بحث کلامی۔ انقطاع تعلیم اور فضول سرگشت سے کامل پرہیز اس انجمن کے ممبر ہونے کی پہلی شرط تھی مخرب اخلاق باتوں اور برے اشغال کے عوض اس انجمن نے معصوم تفریح کے سامان مطالعہ اور مباحثہ کے موقعے اور تبدیل خیال کے مستحسن ذریعے مہیا کئے تھے اس انجمن کی نسبت چکبست نے کہا ہے ؎

محبت کے چمن میں مجمع احباب رہتا ہے
یہی جنت اسی دنیا میں ہم آباد کرتے ہیں

اس نوجوان کے ایثار. جذبہ شوق اور جانفشانی کا اندازہ کیجئے. جس نے لوگوں کی خدمت میں اپنی جان گھلا دی. اسی انجمن کے آٹھویں سالانہ جلسہ میں چک بست نے ایک نظم پڑھی جس کا یہ بند دل میں کھبا جاتا ہے۔

قوم میں آٹھ برس سے ہے یہ گلشن شاداب
چہرۂ گل پہ یہاں پاس ادب سے ہے نقاب
میرے آئینۂ دل میں ہے فقط اس کا جواب
اس کے کانٹوں پہ کیا میں نے نثار اپنا شباب
کام شبنم کا لیا دیدۂ تر سے اپنے
میں نے سینچا ہے اسے خون جگر سے اپنے

چکبست ایک شاعر کی حیثیت سے داخلی رنگ کے بادشاہ تھے وجہ یہ کہ خیالات اور جذبات کا جوش و خروش ان کی فطرت میں بے حد تھا۔ اس میں شک نہیں کہ خارجی منظر نگاری میں بھی وہ کسی سے ہیٹے نہ تھے۔ کہنا یہ ہے کہ چک بست کا شعور، اتنا وسیع تخیل اتنا بلند اور ذہن اس قدر ہمہ گیر تھا اور وہ اتنے زبردست صاحب طرز تھے کہ کوئی چیز کوئی منظر ان کی حاسۂ طبع سے رنگ لئے بغیر نہیں رہ سکتا تھا۔ سنیے بہتوں کو پہاڑی سفر کے موقعے پیش آئے ہوں گے۔ اور انہوں نے کوہستانوں میں جگہ جگہ چشمے اور آبشاریں دیکھی ہوں گی۔ یہ منظر ایک خارجی موضوع ہے۔ اسی کا نقشہ کشمیر سے متعلق یوں اتارتے ہیں۔

چپہ چپہ ہے مرے کشمیر کا مہماں نواز
راہ میں سوکھی چٹانوں نے دیا پانی مجھے

وہ تلک یا گوکھلے کی رحلت پر نوحہ ہو یا شاعر کی طرحی غزل۔ رامائن کا ایک سین ہو یا آصف الدولہ کا امام باڑہ۔ ہر نظم میں آپ جذبات عالیہ کا ایک ہی تلاطم اور احساسات ولطف کا وہی ہیجان پائیں گے۔ یہ ہے

ایک شاعر اور مصنف کی اصلی انفرادیت، فارسی کی ایک مشہور کہاوت ہے کہ بزرگی بعقل است نہ بہ سال یعنی بزرگ وہ شخص ہے جو عقلمند ہو. نہ کہ صرف بوڑھا ہو. چکبست جس عمر میں ہم سے ہمیشہ کے لئے جدا ہوئے اس عمر میں اس کا تو ذکر ہی کیا کہ کوئی ادب کے اتنے شاہکار نظم اور نثر میں چھوڑ جائے عموماً ادبی مذاق کی پختگی بھی مشکل سے ہوا کرتی ہے. لیکن مرحوم سے قدرت کو تھوڑی مدت میں بہت سے اور بہت بڑے کام لینے تھے. اور اس نے وہ کام لئے. ایک وقت چکبست کی زندگی میں جلدی سے ایسا آگیا جس نے انھیں اس وقت کے اعلیٰ ادیبوں اور نقادوں کی صف اول میں لا بٹھایا یہاں گلزار نسیم کے چکبستی اڈیشن سے متعلق اس مناظرے کا تفصیلی ذکر نہیں کیا جائے گا جو ایک سال سے زیادہ عرصہ تک جاری رہا. یہ کتاب کی شکل میں "معرکہ چکبست و شرر" کے نام سے چھپ گیا ہے. کہنا صرف یہ ہے کہ اعتراضوں کے جو جواب چکبست نے دیئے ان کا پایہ تحقیق و استدلال میں اتنا بلند تھا کہ ان کے مخالف بھی حیران رہ گئے. جب یہ ادبی معرکہ ختم ہوا تو چکبست کے تعلقات شرر مرحوم سے ویسے ہی ہو گئے. جیسے پہلے تھے. وجہ یہ کہ چکبست کے مزاج میں جہاں راستبازی کے ساتھ غیرت اور خودداری کوٹ کوٹ کر بھری تھی وہاں صلح پسندی اور رواداری کی بھی کمی نہ تھی.

چکبست نہ صرف طرز کلام و اسلوب کے لحاظ سے آجکل کے اکثر شاعروں سے ممتاز ہیں بلکہ اخلاق اور طبیعت کے اعتبار سے بھی. یہاں باہر کی دو باتیں ضرور کہنی پڑتی ہیں. آج کل شاعر ایک تو تخلص کے ساتھ اپنے نام کے

اظہار اور اعلان سے نہایت پرہیز بلکہ نفرت کرتے ہیں۔ یہاں تک کہ بعض اوقات لڑ پڑتے ہیں اگر ان کے نام کی اشاعت کی جائے۔ چکبست نے سرے سے تخلص رکھا ہی نہیں۔ اور دوسری بات یہ ہے کہ اکثر شاعر اپنے استاد کا نام ظاہر کرنے سے سخت پرہیز کرتے ہیں۔ اس بارے میں چکبست کا طرزِ عمل اپنے ہمعصروں سے الگ تھا۔ پنڈت بشن نرائن در تخلص آبرلکھنوی کے مشورے اور صحبت سے انھوں نے بہت فائدہ اٹھایا۔ انھیں کی شان میں کہا ہے۔

کیا زمانے میں کھلے بے خبری کا میری راز — طائرِ فکر میں پیدا تو ہوا اتنی پرواز
کیوں طبیعت کو نہ ہوئے خودی شوق پہ ناز — حضرتِ آبر کے قدموں پہ ہے یہ فرقِ نیاز

فخر ہے مجھکو اسی در سے شرف پانے کا
میں شرابی ہوں اسی رند کے میخانے کا

آج ایسا شاعر کون سا ہے جو اپنے استاد کی وفات پر یوں بین کرے۔

ع ہم کو معلوم ہوا آج یتیمی کیا ہے۔

جیسا کہ چکبست کے کلام میں لفظوں کا گورکھ دھندا تشبیہ اور استعاروں کی بھرمار اور بلند آہنگی کا نام نہیں اسی طرح ان کی پبلک زندگی ہنگام پرستی اور سیاسی بدعنوانیوں سے پاک تھی۔ ان کے زمانے میں وطن میں بیداری اور اہل وطن میں سیاسی گرمجوشی پیدا ہوگئی تھی لیکن وہ اعتدال پسندوں ہی کے حلقے میں رہے اگرچہ وطن کی محبت اور ابنائے وطن کی خدمت کا جوش ان کے دل میں بھرا ہوا تھا۔ کہا ہے

ہم پوجتے ہیں باغ وطن کی بہار کو | آنکھوں میں اپنی پھول سمجھتے ہیں خار کو
روشن دل ویراں ہے محبت کو وطن کی | یا جلوۂ مہتاب ہے اجڑے ہوئے گھر میں
وطن کے عشق کا بت بے نقاب نکلا ہے | نئے افق سے نیا آفتاب نکلا ہے

وہ انھیں خیالات کو جنھیں بڑے سیاس اور مدبر سروں میں لے کر وطن کی خدمت کے لئے کمر باندھ کر کھڑے ہو گئے تھے۔ شاعری کا جامہ پہنا کر ایسا مفید نمونہ کلام چھوڑ گئے جو مدتوں تک یادگار رہے گا۔ آگے کہا گیا ہے کہ وہ ماڈریٹ یعنی اعتدال پسند سیاسی طبقہ کے ہم خیال تھے اور انگلستان سے قطع تعلق کے حامی نہ تھے۔ چنانچہ کہتے ہیں

برطانیہ کا سایہ سر پر قبول ہوگا | ہم ہوں گے عیش ہوگا اور ہوم رول ہوگا

چکبست کا مذہب اور برتاؤ شعر کہنے ہی میں نہیں بلکہ عملی زندگی میں بھی ملی اور مذہبی تعصب سے آزاد تھا۔ ان کی طبیعت کی افتاد ہی کچھ ایسی پڑی تھی ان کی شاعری کے ابتدائی زمانے کے یہ اشعار سنئے۔

ہر ذرۂ خاکی ہے مرا مونس و ہمدم | دنیا جسے کہتے ہیں وہ کاشانہ ہے میرا
جس جا ہو خوشی وہ ہے مجھے منزل راحت | جس گھر میں ہو ماتم وہ عزا خانہ ہے میرا
جس گوشۂ دنیا میں پرستش ہو وفا کی | کعبہ ہے وہی اور وہی بت خانہ ہے میرا

اگرچہ چکبست کا کلام ادبی محاسن سے مالا مال ہے لیکن انہوں نے داد لینے یا شاعر کہلانے کے لئے کبھی شعر نہیں کہا۔ جس بات کی ملک کے لئے ضرورت سمجھی اسی کو شعر کا موضوع بنایا۔ شاعر کی حیثیت سے اگر وہ ایک باوقعت انفرادیت کے مالک ہیں تو ایک مصلح کی حیثیت سے ان کے کلام کی افادیت عالمگیر ہے۔

لکھنؤ جو غزل کا فریفتہ تھا وہاں نئے طرز کی نظم اور نئے خیالات کو ہر دل عزیز بنانا انھیں کا کام تھا۔ چک بست کی شاعری صرف قافیہ پیمائی نہ تھی۔ یہی نہیں کہ انھوں نے آتش اور انیس کے رنگ کو تازہ کیا اور دہلی کے اس خارجی داخلیت کے طرز کی جس کی بنیاد شیفتہ اور غالب نے ڈالی اور عزیز مرحوم نے اس سے لکھنؤ کو شناسا کیا تھا بہت ترقی دی بلکہ حالی کی پیروی میں شعر سے کام لیا۔ چکبست کی شاعری ایک پیغام لے کر آئی تھی ۔ اور وہ پیغام ہے حب وطن اور مخلصانہ رواداری۔

خلوص اور دوستداری چکبست کے خمیر میں تھی، ادبی مباحثہ میں وہ جتنے زیادہ سخت گیر تھے اتنے ہی ہمدردی میں نرم دل، یہاں ایک واقعہ ذکر کے قابل ہے۔ میرا لکھنؤ جانا ہوا۔ اودھ پنچ کے مشہور زمانہ ایڈیٹر منشی سجاد حسین آخری بیماری میں مبتلا تھے فالج گر چکا تھا اور بات کرنے میں ان کو بہت تکلیف ہوتی تھی۔ میں منشی صاحب کی مزاج پرسی کو گیا۔ چکبست میرے ساتھ تھے۔ خیر۔ منشی صاحب علاج اور معالج دونوں کی ناکامی اور دوا سے بیزاری اور صحت یابی سے مایوسی کا اظہار کر چکے تھے ۔کہ ملازم دوا لایا۔ انھوں نے پی لی میں مسکرایا مرحوم غضب کے رمز شناس تھے۔ تاڑ گئے کہ میرے تبسم کے یہ معنی ہیں کہ جب کوئی علاج فائدہ نہیں کرتا اور دوا کے اثر سے قطعی مایوسی ہے تو پھر بدذائقہ دوائیں پی کر کیوں طبیعت بے مزا کرتے ہیں۔ مختصر یہ کہ میرے تبسم کے جواب میں انھوں نے کچھ کہا۔ جو میں سمجھا نہیں۔ چکبست پہلے بھی ترجمانی کر چکے تھے۔ میں نے ان کی طرف دیکھا۔ چکبست کی آنکھیں ڈبڈبائیں اور آواز بھرائی۔ جب یہ لفظ گویا دم

توڑتے ہوئے ان کی زبان سے نکلے "بھائی میں دوا جو پی لیتا ہوں تو ان محبت کے بادلوں کی خاطر اور اس غرض سے بھی کہ باضابطہ مروں"۔ لہجہ اتنا بگڑ گیا تھا کہ روز کے پاس بیٹھنے والوں کے سوا ان کی بات سمجھنا مشکل تھا۔

چکبست کسی کی تکلیف نہیں دیکھ سکتے تھے۔ پھر دوستوں کی تکلیف پر ان کی ہمدردی اور رنج کا تو ذکر ہی کیا ہے۔

شاعر اور وہ لوگ جو ادب اور زبان سے دلچسپی رکھتے ہیں وہ اپنے طرز عمل میں قومی اور مذہبی تعصب سے کتنے ہی دور کیوں نہ ہوں مقامی تعصب یا عصبیت سے شاذ و نادر ہی آزاد ہوا کرتے ہیں۔ چکبست میں یہ وصف تھا۔ یہ کہنا سراسر صحیح ہے کہ ان کی ادبی تنقیدیں مقامی تعصب یا جانب داری سے مبرا ہیں۔ فصیح الملک داغ دہلوی کی شاعری پر ایک پر مغز تنقید لکھتے ہوئے کہا ہے: "داغ کے کلام کی تاثیر اس امر کی شاہد ہے کہ اس کے قدرتی شاعر ہونے میں کلام نہیں"۔ اسی تبصرے میں ہر پہلو سے بحث کرنے کے بعد حضرت امیر مینائی اور حضرت داغ کی شاعری کا موازنہ کرتے ہوئے کہتے ہیں۔ "داغ کے سینے میں شاعری کی آگ روشن ہے۔ لہذا اس کا کلام گرمیٔ تاثیر سے مالا مال ہے"۔ امیر کا کلام اس کیفیت سے خالی ہے۔ ان کی شاعری مصنوعی شاعری ہے۔ وہ اصل جوہر شاعری جو قدرتی شاعر اپنے ساتھ لے کر پیدا ہوتا ہے امیر کی طبیعت کا حصہ نہیں"۔

چکبست کا تخیل جتنا بلند تھا اتنی ہی ان کی نظر وسیع تھی سماج کی حالت اور اجتماعی اخلاق پر کیونکر ان کی نگاہ نہ پڑتی۔ یہ نہیں کہ وہ مغرب کی تہذیب

اور کلچر کے دشمن تھے بلکہ ان کا مسلک "خذ ما صفا ودع ما کدر" تھا. یعنی یورپ والوں کی ظاہری فضولیات کی نقل نہ کرنی چاہیئے. بلکہ ان کے اخلاق سے وہ خوبیاں سیکھنی چاہیئں جنھوں نے دنیا میں کامیابی کی کنجی انھیں سونپی ہے.

کہا ہے ؎

ان کو تہذیب سے یورپ کی نہیں کچھ سروکار ظاہری شان دنمائش پہ دل و جاں ہے نثار
ہیں وہ سینہ میں نہاں غیرت قومی کے شرار جن سے مغرب میں ہوئے خاک کے پتلے بیدار
سیر یورپ سے یہ اخلاق وادب سیکھا ہے ناچنا سیکھا ہے اور لہو ولعب سیکھا ہے

انسان کے ضمیر کی پوری کیفیت اور مزاج کا اصلی رجحان جیسا اس کی نجی خط وکتابت سے ظاہر ہوتا ہے جو بے تکلف دوستوں کے ساتھ ہو ویسا اس کی تصنیف وتالیف سے نہیں. یہاں چکبست کے ایک خط کا کچھ حصہ سنایا جاتا ہے جو ان کے کیرکٹر پر کیا ان کے کلام پر تیز روشنی ڈالتا ہے. اس سے یہ بھی ظاہر ہوگا کہ وہ بڑے زندہ دل تھے اور ان کا مزاج کتنا نازک اور رنگین تھا. یہ خط انہوں نے لکھنؤ سے گونڈہ کے راستے بہرائچ کے سفر اور وہاں کے قیام سے متعلق ایک دوست کو لکھا تھا. میزبان اور ہمراہی بھی بے تکلف دوست تھے. لکھتے ہیں "بہرائچ کا سفر بہت اچھا رہا. ٹوپا صاحب ہمراہ تھے. راستہ میں برس جاتا رہا. دو آنے جیب میں رہ گئے. گاڑی میں بیٹھے تو اس قدر کشاکش تھی کہ الامان. آپ نے دیکھا ہوگا کہ اکثر چڑیمار نخاس میں چڑیاں بیچنے جاتے ہیں تو ایک پنجرے میں تلے اوپر بیسیوں جانور بھر لیتے ہیں. یہی کیفیت ہمارے درجے کی تھی. قلی دو آنے مانگتا ہے. ہم ایک آنہ دیتے ہیں اور اس سے وعدہ

کرتے ہیں کہ جب لوٹ کر آئیں گے بقیہ ایک آنہ دے دیں گے۔ وہ ہماری پوشاک دیکھ کر ہماری مفلسی کا یقین نہیں کرتا۔ مسافر ہماری صورت دیکھتے ہیں اور مسکراتے ہیں۔ ایک آنہ اس لئے بچا لیا کہ گونڈہ کے اسٹیشن پر خود اسباب نہ اٹھانا پڑے۔ دقیانوسی خیال کے ہندوؤں کا عقیدہ ہے کہ اگر دشاشول سامنے ہو تو سفر نہ کرنا چاہیئے۔ میرے ساتھ توٹوپا صاحب کی صورت میں دشاشول ساتھ ہی تھا۔ بہر حال راستہ باتوں میں اور اونگھتے کٹ گیا۔ گاڑی کی چال ایسی کہ سبحان اللہ۔ بس آتش کا یہ شعر یاد آتا تھا ؎

چال ہے مجھ ناتواں کی مرغِ بسمل کی تڑپ ہر قدم پر ہے گماں یاں رہ گیا واں رہ گیا

صبح تڑکے بہرائچ پہنچے۔ مکان کا دروازہ بند تھا۔ میں نے باہر سے آواز دی کہ تار آیا ہے۔ آدمی نے گھبرا کر دروازہ کھولا۔ اندر پہنچے تو دیکھا پنڈت صاحب اسٹیشن جانے کی تیاری میں مصروف ہیں۔ دونوں ہاتھوں سے چوڑیدار پاجامہ سوکھی پنڈلیوں پر چڑھا رہے ہیں۔ اس امید پر کہ بہرائچ کی گاڑی ہمیشہ دیر سے آتی ہے آپ دیر سے بستر سے اٹھے۔ مگر مکان دیکھ کر طبیعت خوش ہوگئی۔ نیا بنا ہوا ہے اور بہت اچھا ہے۔ بزرگوں سے سنا ہے کہ اچھا مکان اچھی بیوی اور اچھا خدمتگار تقدیر سے ملتا ہے۔ ترلوکی ناتھ دو صورتوں میں ضرور خوش نصیب ہیں۔ مگر دیہاتی نوکر بالکل بے وقوف ہیں ترلوکی ناتھ کی بیوی بالکل تندرست نہ تھی۔ مگر جس سرگرمی اور اخلاق سے مہمان نوازی کا حق ادا کیا قابل تعریف ہے۔ کشمیری خاندانوں میں جو پرانا طریقہ مہمان نوازی کا تھا اس کا نقشہ نظر آتا تھا۔ میں نے پرانا طریقہ اس

لئے کہا کہ نئی تراش کی لڑکیاں اپنی نزاکت ہی کا بوجھ نہیں اٹھا سکتی ہیں . وہ دوسروں کی خاطر کیا کریں گی۔ ترلوکی ناتھ کا ذکر فضول ہے. ٹوپا کی سندھیا کے لئے پنجارہ کے مقابلے میں ایک کمرہ تجویز کر دیا گیا تھا وہیں بیٹھ کر پوجا کرتے تھے جوتے کی سیاہی کی ڈبیا میں رُودراج کے دانے سامنے رکھ کر بیٹھتے تھے . اور سندھیا کرنے کے بعد انڈے کا آچمن ہوتا تھا. میں تو ان کے تقدس کو دیکھ کر یہ سمجھا کہ شاید یہیں سے سیدھے بہشت کو نہ چلے جائیں. کھانا پر تکلف دونوں وقت تیار ہوتا اور یہ خوب ڈٹ کر کھا لیا کرتے تھے، یہ سنا ہے کہ اگر کسی شخص کی کوئی جسمانی قوت کم ہو جاتی ہے تو اس کا نعم البدل مل جاتا ہے. مثلاً اندھوں کی آہٹ پانے کی حس معمول سے زیادہ تیز ہو جاتی ہے، اسی اصول پر ٹوپا صاحب کے دل اور پھیپھڑے کی قوت معدہ میں منتقل ہو گئی ہے. بے حد کھاتے ہیں اور ہضم کرتے ہیں. اگر خون کے بدلے بلغم نہ بنے تو مجھ سے زیادہ تیار ہو جائیں "

اپنے سیاسی اصول اور ادبی مذاق کی اشاعت کی غرض سے ایک باوقعت رسالے میں چکبست کا بڑا حصہ تھا جو برسوں بہت آب و تاب سے نکلتا رہا. اس کا نام "صبح امید" تھا. قصہ مختصر چکبست کا یہ شعر حقیقت میں ان کے حسب حال ہے ؎

قوم کا غم مول لے کر دل کا یہ عالم ہوا
یاد بھی آتی نہیں اپنی پریشانی مجھے

ادبی دنیا کو ہمیشہ ماتم رہے گا کہ ادب اور شاعری کا یہ روشن ستارہ جس کی ضیاء سے کل ملک منور تھا وقت سے پہلے غروب ہو گیا. چکبست کی

پیدائش ۱۸۸۳ء میں اور وفات ۱۹۲۶ء میں ہوئی۔ کل تینتالیس ۴۳ برس کی عمر پائی حضرت محشر لکھنوی نے مرحوم ہی کے مشہور شعر کے ایک مصرع سے تاریخ نکالی ؎

موت کیا ہے انھیں اجزا کا پریشاں ہونا
ان کے ہی مصرعہ سے تاریخ ہے ہمراہِ عزا

پنڈت برجموہن دتاتریہ کیفی دہلوی

فصیح الملک داغؔ دہلوی

کون سا دل ہوگا جو استاد داغؔ کے غم میں داغ دار نہیں۔ میں تو ان کا شاگرد ہوں اور شاگرد بھی ایسا جو ہر گھڑی دم کے ساتھ تھا۔ نہ میں ان سے جدا۔ نہ وہ مجھ سے الگ۔ سیر و تفریح میں بھی اگر میں ان کے ساتھ نہ ہوتا تھا تو سلسلہ رسل و رسائل۔ بعد کی ملاقاتیں۔ زبانی باتیں تلافی مافات کر دیتی تھیں ایک بات ہو تو بتاؤں۔ ایک قصہ ہو تو بیان کروں۔ ایک غم ہو تو روؤں۔ بس یوں سمجھو کہ ایک مرد خدا کو میں جانتا تھا اور میری خدائی اس سے وابستہ تھی۔
حضرت داغ کی تصویریں تو آپ نے دیکھی ہوں گی۔ اس نقاش کے نقش و نگار سے تو آپ کی آنکھیں آشنا ہوں گی لیکن کچھ واقعات کے نقش میرے دل پر رہ گئے ہیں۔ لگے ہاتھوں وہ بھی دیکھ لیجئے۔

شام کا وقت ہے۔ دربار کا موقع۔ اعلیٰ حضرت حضور نظام کا کیمپ دلّی کلب میں رونق افروز ہے۔ ایک خیمہ داغؔ صاحب کو ملا ہوا ہے۔ میں حاضر خدمت ہوں۔ رمضان المبارک کا مہینہ۔ افطار کا انتظام۔ استاد خود افطاری تیار کرا رہے ہیں۔ گو روزہ سے نہیں ہیں۔ لیکن ثواب میں حصہ بٹانا چاہتے ہیں۔ میں نے دست بستہ عرض کی کہ گھر جا کر روزہ کھول لوں گا۔ آپ کیوں تکلیف فرمارہے ہیں۔ ارشاد ہوا۔ ارے سیّد تجھ کو تو تیرے نانا بخشوا لیں گے۔ مجھ کو بھی تو کچھ ثواب کما لینے دے۔ باتیں کرتے کرتے کہنے لگے۔ بیخود یار ہماری تو طبیعت

کند ہوئی جارہی ہے۔ میں نے کہا استاد ! کیا فرمارہے ہیں آپ۔ آپ کی طبیعت اور کند۔ یہ تو خنجر براں، تیغ آبدار ہے۔ اس کو زنگ اور کثافت سے کیا کام۔ بولے۔ تو تو جانتا ہے حسینوں کو دیکھتا ہوں اور خوبصورت شعر کہتا ہوں، یہ ٹھیرا کیمپ کا معاملہ، یہاں پریوں کے پر جلتے ہیں۔ اور ہاں میاں بیخود، ایک ایک دفعہ تم نے ہرن کے کباب کھلائے تھے۔ وہ اس مزہ کی چاٹ تھی کہ آج تک ہونٹ چاٹتا ہوں۔ حیدرآباد میں ہرن دیکھنے کو نہیں ملتا۔ اس کے گوشت کو جی ترستا ہے۔ ایک دفعہ تو بیٹا پھر ویسے ہی کباب کھلا دے۔ خدا کرے تیری طبع شوخ وشنگ میدان سخن میں ہرن کی طرح چوکڑیاں بھرے۔ میں نے کہا بہت بہتر۔ ایک دو روز میں حاضر کردوں گا۔ پھر بڑی دیر تک صحبت آراستہ رہی کس مزے کی باتیں تھیں اور کیا لطفِ صحبت تھا ؎

دلِ من داند و من دانم و داند دلِ من

رات گئے واپس آیا۔ صبح جانے کی تیاری کر رہا تھا کہ دروازہ پر آدمی نے آواز دی۔ معلوم ہوا۔ استاد نے پرچہ بھیجا ہے۔ کھول کر پڑھا تو صرف یہ مصرعہ درج تھا۔ ؎

نہیں ملتی یہاں ہرنی ترستا ہوں کبابوں کو

میں ہرنی کا مطلب بھی سمجھ گیا اور کبابوں کا مدعا بھی۔ استاد کو آہو چشموں سے کچھ اس بلا کا عشق تھا کہ ان کی مفارقت سے وحشت ہوتی تھی میں نے دوسرے روز ہرن کی دو رانیں منگوا دیں کے ایک رکابدار کے حوالہ کیں اور کہدیا کہ سیخ کے کباب اور جس جس طرح کے کباب تم کو پکانے اور تلنے

آتے ہیں دوپہر سے پہلے تیار کردو۔ مزید براں مختلف قسم کے اور کھانوں کا بھی اہتمام کیا مثلاً نور محلی پلاؤ۔ یخی بریانی۔ رنگترا پلاؤ۔ دو تین طرح کے پرندے۔ قلیہ اور نان پاؤ کے ٹکڑے۔ دو بہنگیوں میں رکھوا کر جا پہنچا۔ یہ وہ زمانہ تھا جب کہ یہ ضیغمِ میدان سخنوری گو عمر میں بڈھا ہو گیا تھا۔ لیکن طبع جواں رکھتا تھا جس وقت میں پہنچا تو استاد نے خضاب باندھ رکھا تھا۔ فربہ اندام۔ دراز قامت۔ چوڑی ہڈی۔ بھرا ہوا چہرہ۔ بڑی بڑی شوخ آنکھیں۔ ع آنکھ میں شوخی کس بلا کی تھی۔ کچھ کہا نہیں جاتا۔ نگاہ قیامت کی فتنہ زا جو سینہ کے پار ہو۔ دل میں گھر کرے۔ غرضکہ داغ صاحب عجب سج دھج سے بیٹھے تھے، بہنگیاں دیکھ کر بولے حضرت یہ اتنا کیا لے آئے آپ؟ کیا کسی کی دکان اٹھا لائے۔

جاڑے کا موسم تھا۔ تمام چیزیں ٹھنڈی ہو گئی تھیں۔ میں نے عرض کیا۔ کھانا نوش فرمانے سے آدھ گھنٹہ پہلے فرما دیجئے گا تاکہ کھانا گرم ہو جائے۔ فرمایا وقت ہو گیا ہے۔ خضاب دھو کر کھاؤں گا۔ آدمی کو بلا کر کہا۔ دیکھو محبوب یار جنگ صاحب کو میرا سلام کہو اور کہنا۔ آپ نے کھانا نہ کھایا ہو تو میرے ساتھ کھائیے اس عرصہ میں میں نے رکابدار کو حکم دیا کہ کھانا گرم کرے۔ اس نے دہی اور مکھن لگا کر سیخیں سینکنی شروع کیں۔ داغ صاحب نہایت سیر خور اور خوش خوراک تھے۔ کھانا کھاتے تھے اور مزے لے لے کر کھاتے تھے۔ بلبل صحن باغ سے اور شاگرد استاد سے دور زیادہ عرصہ نہیں رہ سکتا۔ میں دلی میں تھا اور استاد حیدر آباد میں۔

اعلیٰ حضرت حضور نظام نے استاد کی تنخواہ میں اضافہ فرمایا۔ یہ واقعہ

بھی قصہ طلب ہے۔ حضرت داغؔ نے بر سر دربار غزل گذرانی مقطع تھا۔

تم نمک خوار ہوئے شاہِ دکن کے اے داغؔ
اب خدا چاہے تو منصب بھی ہو جاگیر بھی ہو

وہاں کیا کمی تھی اور کیا دیر حکم ہوا اور ترقی ہو گئی۔ مجھے اطلاع ہوئی۔ مبارکباد بذریعہ خط پیش کی۔ جواب آیا۔ دور کی مبارکباد ہم قبول نہیں کرتے۔ میں نے جانے میں عذر لنگ پیش کیا۔ دوسرا خط آیا۔ اس میں یہ شعر درج تھا۔

دیکھئے اس سے ملانا ہے خدا کون سے دن
کون سی رات ہو مقبول دعا کون سے دن

شعر کے نیچے لکھا تھا۔ یہ شعر تم کو مخاطب کر کے کہا گیا ہے۔ میرے عذر کے جواب میں یہ مصرعہ تحریر تھا۔ ع بیخود بہانے باز ہو تم جانتے ہیں ہم۔ ہم کو تو بہانہ درکار تھا۔ مجنوں را ہوئے بس است۔ داغ صاحب میرے استاد تو تھے ہی لیکن حقیقت یہ ہے کہ میں عاشق تھا اور وہ معشوق۔ وہ شمع تھے میں پروانہ۔ اِدھر پروانہ ملا اُدھر میں روانہ ہوا۔ حیدرآباد میں ایک روز شام کے وقت میں استاد صاحب کے پاس بیٹھا تھا۔ وہ شعر کہہ رہے تھے میں لکھتا جاتا تھا۔ ایک صاحب تشریف لائے۔ اِدھر اُدھر کی باتیں کرنے لگے۔ تھوڑی دیر بعد اُستاد کی زود گوئی کا ذکر آیا۔ ان صاحب نے دریافت کیا۔ استاد آپ ایسے جلدی کیونکر شعر کہہ لیتے ہیں۔ استاد نے کہا۔ اور جناب کیونکر کہتے ہیں۔ انہوں نے فرمایا۔ حقہ لے کر پلنگ پر لیٹتا ہوں۔ کروٹیں بدلتا ہوں۔ کبھی اٹھتا ہوں۔ کبھی بیٹھتا ہوں۔ طبیعت پر

زور ڈالتا ہوں تب بڑی مشکل سے ایک شعر بنتا ہے۔ داغ صاحب نے مسکراکر فرمایا معاف کیجئے گا۔ آپ شعر کہتے نہیں شعر جنتے ہیں۔

سچ یہ ہے کہ غضب کی بذلہ سنج اور شوخ طبیعت پائی تھی۔ ایک لطیفہ کیا ہزاروں موجود ہیں نمونتہً چند مشتے از خروارے پیش کئے دیتا ہوں۔

ایک دن حضرت نماز پڑھ رہے تھے۔ ایک شاگرد آئے۔ ان کو نماز میں مشغول دیکھ کر واپس چلے گئے۔ اسی وقت داغ صاحب نماز سے فارغ ہوئے۔ نوکر نے کہا فلاں صاحب آئے تھے۔ فرمایا دوڑ کر بلا لا۔ جب وہ صاحب آئے تو داغ صاحب نے فرمایا۔ آپ آکر کیوں چلے گئے۔ کہا۔ آپ نماز پڑھ رہے تھے۔ فرمایا۔ حضرت میں نماز پڑھ رہا تھا لاحول تو نہیں پڑھ رہا تھا جو آپ بھاگے۔

اور سنئے ایک مرتبہ رام پور میں نواب کلب علی خاں صاحب مرحوم کے سامنے لفظ سانس پر بحث چھڑ گئی۔ اس لئے کہ دلی والے سانس کو مذکر لکھتے اور لکھنؤ والے مؤنث۔ لکھنؤ اور دلی کے شعراء موجود تھے۔ ان میں امیر مینائی اور داغ صاحب بھی تھے۔ لیکن استاد بحث کے دوران میں خاموش بیٹھے رہے۔ آخر جب بحث کو طول ہوا اور کوئی فیصلہ نہ ہو سکا تو نواب صاحب نے فرمایا۔ داغ صاحب آپ بھی تو کچھ فرمایئے۔ استاد نے کہا۔ حضور میرا فیصلہ تو یہ ہے کہ مؤنث کا سانس مؤنث اور مذکر کا مذکر سمجھا جائے۔ سب لوگ ہنس کر چپ ہو رہے۔

پیدائش۔ مجھے خوب یاد ہے کہ ایک مرتبہ قبلہ داغ صاحب نے فرمایا تھا۔ غدر ۱۸۵۷ء میں میری چوبیس ۲۴ سال کی تھی۔ اس سے ظاہر ہوتا ہے کہ آپ ۱۸۳۳ء میں پیدا ہوئے۔ نواب شمس الدین احمد خاں والیٔ فیروز پور جھرکہ آپ کے والد

تھے۔ آپ ڈھائی تین برس کی عمر میں یتیم ہو گئے تھے۔

تعلیم و تربیت۔ آپ نے فاضل ادیبوں اور عالموں سے عربی فارسی پڑھی تھی۔ ذہین ہونے کی وجہ سے بہت جلد فارغ التحصیل ہو گئے۔ اس کے ساتھ ہی زمانہ قدیم کی تہذیب کے موافق آپ نے فن سپہ گری یعنی علی لا۔ بانک۔ بنوٹ تلوار لگانی۔ تیر اندازی، شہسواری وغیرہ فنون بھی حاصل کیے۔

شعر گوئی کا شوق۔ بچپن ہی سے شعر گوئی کا شوق تھا۔ معلومات و تجربہ نہایت وسیع تھا طبیعت میں شوخی۔ چلبلا پن بہت زیادہ تھا۔ ابتدا ہی میں آپ کے اشعار مقبول عام ہو گئے تھے۔ استاد حضرت ذوق کے شاگردوں میں جو عروج و شہرت حضرت داغ کو نصیب ہوئی وہ کسی اور شاگرد کو نصیب نہ ہو سکی۔ آج ہندوستان میں ایک فرد بھی ایسا نہ ہوگا جو حضرت داغ کے نام سے واقف نہ ہو اور اسے ان کے اشعار یا غزلیں یاد نہ ہوں۔

زبان۔ جن لوگوں نے حضرت داغ کو دیکھا ہے اور اس زمانہ کے مشاعروں میں شرکت کی ہے۔ اس وقت کی محفلوں کو یاد کرتے ہیں۔ اور روتے ہیں۔ آہ مجھے بھی جب وہ زمانہ یاد آتا ہے تو گھنٹوں خون کے آنسو رلاتا ہے۔ ان کی وہ شیریں کلامی۔ وہ بذلہ سنجی۔ وہ فقروں میں لطافت و ظرافت۔ وہ بات بات میں پھڑکا دینے والے لطیفے۔ وہ شستہ اور ٹکسال میں ڈھلے ہوئے الفاظ۔ وہ چست فقرے۔ گفتگو کے وقت یہ معلوم ہوتا تھا گویا علم کا دریا ہے کہ زور و شور سے بہتا چلا جاتا ہے۔

افسوس وہ اردو کا مایہ ناز شاعر دنیا میں نہ رہا۔ جس کو یہ دعویٰ تھا اور صحیح دعویٰ تھا

اردو ہے جس کا نام ہمیں جانتے ہیں داغ ہندوستاں میں دھوم ہماری زباں کی ہے

کلام کی عام مقبولیت کا یہ عالم تھا کہ جو غزل رات کو مشاعرہ میں پڑھتے تھے صبح کو کوچہ و بازار میں لوگوں کی زبان پر ہوتی تھی۔ اکثر آدمی داغ صاحب کی عام مقبولیت پر حسد کرتے تھے۔ حاسدوں میں ایک بڑے شاعر بھی تھے انھوں نے ایک دن داغ صاحب کو سرِ راہ ٹوک کر کہا۔ حضرت آج میرا آپ کا فیصلہ ہو جائے۔ فرمایئے۔ میں اچھا شعر کہتا ہوں یا آپ۔ حضرت داغ صاحب نے فرمایا۔ حضرت شعر تو اچھا آپ ہی کہتے ہیں۔ لیکن میں اس کا کیا علاج کروں کہ لوگ میرے ہی اشعار پسند کرتے ہیں۔

لباس جسم قدرت نے ایسا بنایا تھا کہ ہر لباس زیب دیتا تھا۔ ٹوپی اس وضع کی پہنتے تھے جیسی لوہارو والے پہنتے ہیں۔ جسم پر کرتا اور اس پر تنگ چولی کا انگرکھا۔ سیدھی تراش کا پاجامہ۔ پاؤں میں ڈیڑھ حاشیہ کا جوتا۔ دلّی کے قدیم شرفا کی یہی وضع تھی۔ یہی لباس قیام رامپور تک رہا۔ حیدر آباد جاکر اچکن یا شیروانی۔ انگریزی جوتا یا منصبی پگڑی استعمال کرتے تھے۔ یہ لباس بھی خوب زیب دیتا تھا۔ حقہ کا شوق تھا۔ پیچوان پیتے تھے۔ اور چلم کسی وقت ٹھنڈی نہ ہوتی تھی۔ شطرنج۔ چوسر۔ گنجفہ خوب کھیلتے تھے۔ گنجفہ میں داغ صاحب کو کبھی میں نے چکمہ کھاتے نہیں دیکھا۔ غضب کی یاد تھی۔ علم موسیقی میں بھی خوب ماہر تھے۔ ستار اچھا بجاتے تھے۔ خوش الحان تھے۔ آواز میں بے انتہا درد تھا۔

پڑھنے کی طرز مشاعرہ میں ہمیشہ تحت اللفظ غزل پڑھتے تھے۔ فصاحت زبان کی بلائیں لیتی تھی۔ الفاظ موتیوں کی طرح ڈھلتے چلے آتے تھے۔ شعر اس خوبی سے ادا کرتے تھے کہ سننے والے کے سامنے نقشہ کھنچ جاتا تھا۔ میں نے ان سے بہتر غزل

پڑھتے کسی کو دیکھا نہ سنا۔ ان کے سامنے کبھی کسی کی غزل کامیاب نہ ہوتی تھی۔ اخیر عمر میں مشاعرہ میں خود غزل پڑھنی چھوڑ دی تھی۔ کسی اور سے پڑھوا دیتے تھے۔

نفاست طبع۔ طبیعت میں نفاست تھی۔ عطر کا بہت شوق تھا۔ ظہر کے وقت بیسن مل کر اوپر کا جسم دھلتا تھا۔ پھر سارے جسم پر عطر ملا جاتا تھا اس کے بعد ظہر کی نماز پڑھتے تھے۔ ایک کرتہ پاجامہ روز بدلا جاتا تھا۔

عادت۔ نہایت خلیق۔ ملنسار۔ مہذب اور شائستہ تھے۔ حتیٰ کہ شاگردوں سے بھی آپ اور جناب کہہ کر بات کرتے تھے۔ کسی قدر زود رنج اور نازک مزاج تھے۔ لیکن بہت کم غصہ آتا تھا۔ اور تھوڑی سی معذرت پر فوراً صاف ہو جاتے تھے۔ دوستوں کی تکلیف سے بے چین اور ان کی خوشی سے خوش ہوتے تھے۔

جوانی میں ایک بچہ احمد مرزا خاں پیدا ہوا تھا۔ لیکن افسوس دو سال کی عمر میں دنیا سے چل بسا اور پھر اس کے بعد کوئی اولاد نہ ہوئی۔

بیخود دہلوی

منشی پریم چند آنجہانی

پریم چند کی کچھ بات کرنے میں آج آپ کے سامنے ہوں۔ اس بات پر جی میں کچھ بے چینی ہوتی ہے۔ آج وہ ہمارے بیچ نہیں ہیں۔ اور کبھی وہ دن تھے کہ ہم لوگ پاس بیٹھ کر چرچا کیا کرتے تھے اور ان کی ہنسی کا قہقہہ کسی وقت بھی سنا جاسکتا تھا۔ پر اس بات پر آج اٹک کر بھی تو نہیں رہا جاسکتا ہے۔ دنیا میں کون سدا بیٹھا رہتا ہے۔ اور کون بیٹھا رہے گا۔ آدمی آتے ہیں اور جو اُن کے ذمہ کام ہوتا ہے کرتے ہوئے پردے کے پیچھے چلے جاتے ہیں۔ پر پریم چند اس انجان پردے کے پیچھے ہو کر آنکھوں سے اوجھل ہوگئے ہیں۔ یاد سے دور کرلینا انھیں ممکن نہیں ہے۔ زندگی ان کی اوسط سے زیادہ نہیں رہی۔ کل چھپن 56 برس اس دنیا میں جیئے۔ کہیں یہ برس روشنی کے برس تھے۔ اور ان کی زندگی سچی محنت۔ ایمانداری اور سادگی کی زندگی تھی۔

یہ تو آپ اور ہم جانتے ہی ہیں کہ ہندوستان میں ہندی اور اردو بھاشائیں جب تک ہیں پریم چند کا نام مٹ نہیں سکتا۔ وہ دھندلا بھی نہیں ہوسکتا۔ کیونکہ دونوں زبانوں کو پاس لانے میں اور ان دونوں کو گھڑنے میں ان کا بہت ہاتھ ہے۔ اُن کے خیالات ہندوستان کی زندگی میں گھل مل گئے ہیں۔ اور وہ ہماری تاریخ کا جزو بن گئے ہیں۔

اُن کی کہانیاں گھر گھر پھیلی ہیں۔ ان کی کتابوں کے ورق لوگوں کے دلوں میں بس گئے ہیں۔

لیکن اس سچائی کا بانی کون تھا۔ یہ بہت لوگوں کو معلوم ہوگا۔ کیا چیز تھی جو پریم چند کی تحریروں کو اس قدر دلچسپ بنا دیتی تھی۔ یہ جاننے کے لئے ذرا پیچھے جا کر دیکھنا چاہیئے۔ ان کی ہنسی تو مشہور رہی ہے۔ زندگی میں میں نے کھلے گلے کا ویسا قہقہہ اور کہیں نہیں سنا۔ گویا جس من سے ہنسی کا وہ فوارہ نکلتا تھا اس میں کسی طرح کا کینہ اور میل تو رہ ہی نہیں سکتا۔

اُن پر چوٹیں بھی کم نہیں پڑیں سب ہی طرح کی مصیبتیں انھیں جھیلنا پڑیں۔ پھر بھی۔ ان کی ہنسی دھیمی یا پھیکی نہیں ہوئی۔ یا تو وہ سب باتوں میں ایک طرح کی علیحدگی کے بہاؤ سے الگ کرکے دیکھ سکتے تھے۔ اس خوبی کی قیمت سمجھنے کے لئے ہمیں ان کے بچپن کے زمانہ کو بھی کچھ دیکھنا چاہیئے

چھٹپن کی بات ہے کہ ماں گذر چکی تھی۔ پتا کا بھی پندرھویں برس انتقال ہوگیا تھا۔ گھر میں دوسری ماں تھی اور بھائی تھے اور بہن تھی۔ گھر میں تن کئی پالنے کو تھے۔ پر آمدنی پیسے کی نہ تھی۔ ادھر بالک پریم چند کے من میں ایم۔ اے پاس کرکے وکیل بننے کا ارمان تھا۔ بیاہ بھی چھٹپن میں ہوگیا تھا۔ وہی لکھتے ہیں۔ پاؤں میں جوتے نہ تھے۔ بدن پر ثابت کپڑے نہ تھے۔ گرانی الگ۔ دس سیر کے جو تھے۔ اسکول سے ساڑھے تین بجے چھٹی ملتی تھی۔ کوئنز کالج بنارس میں پڑھتا تھا۔ فیس معاف ہو گئی تھی۔ امتحان سر پر اور میں بانس کے پھاٹک ایک لڑکے کو پڑھانے جایا کرتا تھا۔ جاڑے

کا موسم تھا۔ چار بجے شام کو پہنچ جاتا۔ چھ بجے چھٹی پاتا۔ وہاں سے میرا گھر پانچ میل پر تھا۔ تیز چلنے پر بھی آٹھ بجے رات سے پہلے گھر نہ پہنچتا۔

اپنی آپ بیتی کی کہانی جو انہوں نے لکھی ہے اس سے ان کے شروع کے جیون کے دن آنکھوں کے آگے آجاتے ہیں۔ ماں کم عمری میں ہی انھیں چھوڑ کر چل بسیں۔ پندرہ سال کی عمر میں پتا بھی چھوڑ گئے۔ شادی چھٹپن ہی میں ہو چکی تھی۔ گھر میں کئی آدمی تھے۔ پر آمدنی ایک پیسے کی نہ تھی۔ ادھر بالک پریم چند کے من میں پڑھائی کی چڑھائی چڑھنے کے حوصلے تھے۔ گاؤں سے روزانہ دس میل چل کر پڑھنے پہنچتے۔ گذارے کے لئے تین اور پانچ روپے کے ٹیوشن پائے۔ میٹرک جوں توں پاس ہوا آگے کیلئے کوششیں کیں۔ سفارش بھی پہنچائی لیکن کامیاب نہ ہوئے۔ داخلہ ہو گیا تو حساب انھیں لے ڈوبتا رہا۔ سالہا سال ریاضی کے مضمون کی وجہ سے وہ فیل ہوتے رہے۔ آخر دس بارہ سال بعد جب ریاضی اختیاری مضمون ہوا تب بڑی آسانی سے انہوں نے وہ امتحان پاس کرلیا۔ پڑھائی کے دنوں میں کتنے دن انھیں بھنے چنوں پر رہنا پڑا۔ اور کتنے دن ایک دم بن کھائے گذرے۔ اس کا شمار ہی نہیں۔ آخر ایک دن پاس کھانے کو کوڑی نہ بچی تھی تب دو برس سے بڑے پیار کے ساتھ سنبھال کر رکھی ہوئی ایک کتاب دکان پر بیچنے پہنچے۔ دو روپے کی کتاب کا ایک میں سودا ہوا۔ روپیہ لے کر دکان سے اتر رہے تھے۔ کہ ایک شخص نے پوچھا پڑھتے کیا ہو؟" "نہیں مگر پڑھنے کو دل چاہتا ہے" "میٹرک پاس ہو؟" "جی ہاں" "نوکری تو نہیں چاہتے؟"

"نوکری کہیں ملتی ہی نہیں"۔ انھیں بھلے مانس نے انھیں ملازمت دی تو شروع میں اٹھارہ روپے تنخواہ ہوئی یہیں سے ان کی زندگی کا شروع سمجھنا چاہیئے۔

میری پہلی ملاقات ۱۹۳۵ء میں ہوئی۔ دسمبر کا مہینہ تھا۔ بنارس سے لوٹ رہا تھا۔ بنارس میں ان کا خط مل گیا تھا کہ ٹھیک کس جگہ ان کا مکان ہے۔ آنے کی اطلاع نہ دے سکا تھا۔ سیدھا وہاں پہنچا۔ پہلے کبھی انھیں دیکھا نہ تھا۔ تھوڑی خط وکتابت ہو چکی تھی۔ اسی بھروسہ میں لکھنؤ ان کے گھر جا دھمکا، میں انجان وہ مشہور مصنف۔ مجھے قلم پکڑنے کا شعور نہ سیکھنے کا تھا۔ ان کے قلم کی دھاک تھی۔ لیکن انھوں نے خط ایسا بھیجا تھا کہ گویا دونوں ہاتھ پھیلا کر وہ مجھے بلا رہے ہیں سورج ابھی نکلا بھی نہ تھا کہ میں نے زینہ پر پہنچ کر آوازیں دیں۔ زینہ کھلا۔ اور ایک شخص ایسے نظر آئے جیسے نیند سے ابھی اٹھے ہوں۔ خمار آنکھوں میں ابھی باقی تھا مونچھیں بڑی بڑی تھیں۔ قد کچھ پستہ۔ ماتھا اٹھا ہوا تھا۔ پر اس وقت بالوں نے آکر اسے ڈھک لیا تھا اور یہ سب ملا کر سر کچھ چھوٹا معلوم ہو رہا تھا۔ لال املی کی اونی چادر ایک کندھے پر لئے تھے۔ جو یوں بھی بہت صاف نہ تھی۔ رانوں میں دھوتی کافی اونچی بندھی ہوئی تھی۔ خیال پڑتا ہے کہ بدن پر نیم آستین ایک مرزئی تھی۔ سچ پوچھیے تو میں اس کے لئے تیار نہ تھا۔ یہ شخص پریم چند ہوں گے۔ یہ گمان نہ ہو سکتا تھا۔ پر وہی تھے پریم چند۔

بولے. کون صاحب ہیں۔

میں نے کہا نندر۔

اتنا کہنے کے بعد تو جیسے میں خالی ہی نہ چھوڑا گیا۔ زینہ کے پاس دالان میں پانی پھیلا تھا۔ اور کمرے کے اندر ایک میلی کچیلی میز تھی لیکن پریم چند مجھ کو لے کر ایسے بیٹھ گئے کہ میں کسی چیز کے لئے بول ہی نہ سکا. اس طرح کوئی نو بج گئے۔ اتنے میں اندر سے کہلایا گیا کہ آج دوا آئے گی کہ نہیں۔ پریم چند سن کر چونکے۔ بولے۔ جے نندر۔ یہ لو ہمیں تو وقت کا خیال ہی نہیں رہا. تم منہ ہاتھ دھوؤ۔ اتنے میں دوا لے آتا ہوں۔ اور اتنے میں میں کیا دیکھتا ہوں کہ پریم چند طاق سے شیشی اٹھا انھیں کپڑوں اور اسی سلیپر میں کھٹ کھٹ زینہ سے اتر کر دوا لینے چل دیئے. آتے ہی جو ایک ڈیڑھ گھنٹہ ان سے باتیں ہوئیں تب میں دیکھ سکا کہ پریم چند اپنے خیالات کی دنیا میں کتنے جگے ہوئے رہتے ہیں۔ پچھم میں کیا لکھا اور سوچا جا رہا ہے اس کا انھیں پورا علم تھا۔ اور وہ علم صحیح تھا ۔۔

۔۔۔۔۔۔۔۔۔۔۔۔۔۔۔۔۔۔۔۔۔۔۔۔

۔۔۔۔ ۔ ان سب باتوں کے بارے میں ان کی رائے اپنی ہی تھی۔ دوسروں کی نہیں — کھلی آنکھوں اور کھلی عقل سے چیزوں کو دیکھتے پرکھتے تھے لیکن آپس کے برتاؤ میں اتنے جاگے ہوئے تھے یہ نہیں کہا جا سکتا. مگر اس کی انھیں پرواہ نہ تھی۔

خیر لوٹ کر آئے۔ ناشتہ کیا۔ گپ شپ کی. کھانا کھایا۔ اور بولے

چلو دفتر چلیں۔ راہ میں جو پہلا یکہ ملا۔ اس سے پوچھا۔ کیوں دوست چلتے ہو۔

یکے والے نے کیا جواب دیا مجھے ٹھیک یاد نہیں۔ لیکن اس نے جتنے پیسے بتلائے اس میں کچھ کمی انہوں نے اپنی طرف سے نہیں کی۔ نہ یہی دیکھا کہ وہ بڑھیا چمکیلا ہے کہ نہیں۔ یکے میں بیٹھے بیٹھے یکے والے بوڑھے مسلمان سے دو ایک ہی باتوں میں انہوں نے ایک طرح کی برابری پیدا کر لی اور اسے اپنا بنا لیا۔

دفتر پہنچ کر بولے۔ چلو جے نندر ایک دوست ہے۔ انھیں تمہارا ہاتھ دکھائیں۔ میں نے کہا۔ ہاتھ کیوں۔ بولے بھائی وہ اس ہنر کے استاد ہیں۔ دیکھو تو جانو گے۔ آخر ہاتھ دکھایا گیا۔ اور لوٹتے وقت پوچھنے لگے کہو جے نندر کیا رائے ہے۔

میں نے کہا۔ مجھے اس علم پر یقین نہیں ہے۔ اور نہ مستقبل میں اپنے سے کچھ امید ہے۔ یہ جواب پریم کو پسند نہ آیا وہ دوسرے کی شخصیت کو کم کرکے دیکھنا پسند نہیں کرتے تھے۔ انہوں نے کہا کہ مجھے اپنے مستقبل کے بارے میں نا امید ہونے کا کوئی حق نہیں ہے

سویرے کا آیا ہوا جب میں اسی شام پریم چند کے گھر سے لوٹ کر چلنے لگا تو مجھے معلوم ہوا کہ نہ جانے کب سے کسی بھائی سے بچھڑ رہا ہوں انہوں نے اپنے اور میرے درمیان کوئی فرق مجھے محسوس نہیں ہونے دیا۔ بولے جے نندر جا رہے ہو۔ میں نے کہا۔ ہاں۔ کہنے لگے میں یہ نہ جانتا تھا ایسا

تھا تو آئے ہی کیوں۔ میں نے پھر کبھی جلدی آنے کا وعدہ کیا اور رخصت ہو گیا اس طرح پہلی ہی دفعہ مجھے پریم چند سے محبت ہو گئی ۔ کہ وہ کچھ بھی اور ہوں چاہے نہ ہوں لیکن اندر تک کھرے آدمی ہیں اور دل ان کا صحیح ہے اور ثابت ہے ۔

اس کے بعد تو خط و کتابت کافی ہوئی اور معلوم ہوا کہ وہ بڑے بننے کے پیچھے نہیں ہیں۔ سچا بننا ان کا مقصد ہے۔ اپنے کو سدا معمولی ہی آدمی گنتے ہیں۔ میں نے کہا آپ کو کیوں یہ معلوم نہیں کہ باہر آپ کی کتنی شہرت ہے ۔

بولے۔ اس شہرت کا مستحق کوئی اور ہی ہوگا سچ جانو میں تو مزدور ہوں ۔ لکھتے وقت مجھے ہر گھڑی یہ محسوس ہوتا ہے۔ پہلی بار وہ دہلی آئے۔ اس کی کہانی دلچسپ ہے۔ میں نے ناگہانی ایک کارڈ میں انھیں لکھا کہ یہ لوگ گھر آئے ہوئے ہیں لیکن آپ بھی یہاں ہوتے تو بڑی رونق رہتی اس اپنے خط کے جواب کا انتظار مجھے تیسرے روز یا چوتھے روز ہو سکتا تھا لیکن دیکھتا کیا ہوں کہ تیسرے روز سویرے ہی سویرے پریم چند کندھے پر کمبل لٹکائے گلی میں سے چلے آ رہے ہیں۔ میں اچنبھے میں رہ گیا۔ بولا یہ کیا۔ تار نہ خط ایسے کہاں سے چلے آ رہے ہیں۔ بولے کل دوپہر بعد تمھارا خط ملا۔ وقت تھا ہی۔ گاڑی مل سکتی تھی اسی لئے چلا آ رہا ہوں۔ میں نے کہا تار تو دے دیا ہوتا۔ بولے دیکھا۔ تمھارا گھر مل گیا کہ نہیں۔ تار میں ناحق پیسے کیوں خراب کرتا۔

معلوم ہوا کہ دلی آنے کا زندگی میں ان کے لئے یہ پہلا موقع ہے اس ذہانت پر میں حیرت میں رہ گیا۔ پانچ چھ روز وہ یہاں رہے ان دنوں کافی دلچسپی رہی کئی پارٹیاں دی گئیں اور برابر لوگ ان کو پوچھتے اور گھیرتے رہے۔ میں من میں سمجھا تھا کہ چلو اس سے ان کی طبیعت بہلی رہی ہوگی۔ لیکن بات الٹی تھی۔ چلنے لگے تو بولے جے نند ریہ کیا تماشہ بنا ڈالا ہے۔

میں نے کہا کیوں لوگوں کا کیا آپ پر حق نہیں ہے۔ بولے۔ میں یہاں عزت پاتا رہوں اور گھر والے ہاں اسی سلسلہ میں معلوم ہوا کہ زندگی میں دلی میں بیتنے والے یہ پہلے ہوش کے چار پانچ دن ہیں کہ جب انہوں نے سویرے کام نہیں کیا ہے۔ اس کے بعد یہاں ایک لٹریری کانفرنس میں صدر بنا کر پریم چند کو ہم نے بلایا۔ لیکن وہ آنے کو راضی ہی نہ ہوئے خط لکھا۔ تار دیئے۔ لیکن انہوں نے لکھا۔ تم بلاؤ تو آجاؤں۔ لیکن کانفرنس کی تہمت کیوں لیتے ہو۔ آخر رضامندی دی ہی تو تار میں Reaching with protest لکھا

ان سب چیزوں سے میں نے دیکھا کہ انہیں دل کی تلاش ہے جہاں پریم ہو وہاں وہ بے دام حاضر ہو سکتے ہیں۔ مگر ویسے نہیں۔ دنیا کی شان وشوکت ان کے نزدیک کوئی چیز نہیں ہے۔ بڑے بڑے جلسوں اور مجمعوں میں بے لاگ اور بے لوث خیال سے میں نے انہیں گھومتے ہوئے دیکھا ہے۔ گویا وہ دھوم دھام کے نہیں ہیں۔ کسی اور ہی گہری

سچائی کے خواہاں ہیں۔

ایک بات پر اکثر ان کے ساتھ بات چیت ہوگئی ہے اور وہ ہے ایشور اور دھرم۔ وہ ایشور کے وجود کے قائل نہیں ہوتے تھے۔ کیونکہ دیکھتے تھے کہ ایشور اور دھرم اچھے سے زیادہ برے کام میں لائے جاتے ہیں۔

پوچھتے دنیا میں زور ہے ظلم ہے۔ لوگ ستائے جاتے ہیں اور بھوکوں مرتے ہیں چاروں طرف تو دکھ کی چیخ پکار ہے۔ تم اس ایشور کو مانو گے جو اس سب کی اجازت دیتا ہے۔ میں نے دیکھا ہے کہ ایسے وقت ان کی قوت گویائی کم ہوگئی ہے اور آنکھوں میں چمک آگئی ہے یا تو دنیا کی دکھ کی چیخ اس وقت بھی ان کے کانوں کے اندر پڑ رہی ہے اور وہ انہوں چین نہ لینے دینا چاہتی ہے۔ میں کہتا کہ مجھے ایشور کے وشواس سے بچنے کی راہ مل جائے تو میں خود بچ نکلنا چاہتا ہوں۔ وہ کہتے کہ دکھیوں کے دکھ کی طرف سے دل کو کڑا کر کے تم ایشور میں بند ہونا چاہتے ہو یہی تو؟ میں کہتا کہ ہاں یہی۔ دل کو اور دوسرا کونسا سہارا ہے۔ میں نے دیکھا ہے کہ اس بیان سے ان میں گرمی آگئی اور اپنے کو بہت زیادہ کوسنے کو تیار ہوگئے ہیں کہ کیوں دکھیوں کے دکھ درد میں وہ پوری طرح گھل مل نہیں سکے وہ مصیبت زدوں کی حالت دیکھ کر خدا کے منکر ہو جاتے تھے۔

لیکن میں سدا یہ مانتا آیا ہوں کہ دین اور دکھی لوگوں کی حمایت کرنا اور ان کے درد کو اپنا بنا لینے سے ان کو دلی خوشی حاصل ہوتی تھی۔

۔۔۔۔۔۔۔ اور اس لحاظ سے پریم چند سچے معنی میں رحم دل

اور مذہبی آدمی تھے۔ مجھے وہ دن یاد ہے۔ کلکتہ سے لوٹا تھا۔ پریم چند کھاٹ پر پڑے تھے۔ بیمار تھے اور وہ موت کی بیماری ثابت ہونے والی تھی۔ جسم زرد ہو گیا تھا ہڈیوں کے سوا اس تن میں کیا باقی رہ گیا تھا۔ اُسی دن کی تصویر ہے جو جہاں تہاں اخباروں میں چھپی ہے۔ پیٹ کی تکلیف بڑھ رہی تھی۔ کسی کروٹ چین نہ تھا۔

لیکن دیکھتا ہوں کہ آنکھوں میں ان کی اب بھی میٹھے سپنے بھرے ہیں اور چہرے پر بشاشت ہے۔ ان کے دل میں نہ کوئی شکایت ہے اور نہ کوئی میل ہے۔

بیماری کے وقت شدّت مرض میں تقدیر سے ہر کوئی ناراض ہو جاتا ہے اور طبیعت چڑچڑی ہو جاتی ہے لیکن کھاٹ پر پڑے پڑے پریم چند کو اس دن بھی اپنی حالت کی فکر نہیں تھی۔ انھیں یہ فکر تھی کہ ہم کو کوئی تکلیف تو نہیں ہوئی ہے۔

بولے جے نندر دکھ میں ایشور ملا کرتے ہیں لیکن مجھے اب بھی اس کی ضرورت معلوم نہیں ہوئی ہے۔ معلوم ہوتا ہے آخر تک ایشور کو تکلیف نہیں دوں گا۔

آج بھی اس حالت کو یاد کر کے میں تعجب کرتا ہوں کہ وہ کیسا طاقت تھی جو موت کے سر پر آ جھولنے پر بھی پریم چند کو پرسکون بنائے رکھتی تھی۔ ان کی ساری نگاہیں میری نگاہ کے پیچھے رہ جاتی ہیں اور بیمار پریم چند کی وہ مطمئن آنکھیں میری آنکھوں کے سامنے آ جاتی ہیں۔

دو ایک بار موقع آیا ہے کہ میں نے ان کی آنکھوں سے آنسو گرتے دیکھے ہیں ایک کتاب کا ذکر کرتے ہوئے وہ زار و قطار رو پڑے۔ وہ اپنے کو قابو میں نہیں رکھ سکے اور جس دکھیا کے درد پر ان کا جی اس طرح مٹ کر رو یا تھا وہ ایک معمولی بازاری عورت تھی۔ ایک روسی ناول کا وہ ایک کیرکٹر تھی۔ پریم چند کا دل اس کی تکلیف پر بے بس طور پر اس طرح بھر آیا تھا کہ کہا نہیں جا سکتا۔ لیکن وہی نرم دل اپنے دکھ درد پر تو ہلتا بھی نہ تھا۔ زندگی میں مصیبت اُن پر کم نہیں پڑی۔ کیا مصیبتیں انہوں نے نہیں جھیلیں لیکن ان کا دل مضبوط رہا۔ وہی دل دوسروں کی مصیبت دیکھ کر فوراً پگھل جاتا تھا۔

پھر تو آخری درشن ہی مجھے ملے۔ سویرے سات بجے کے قریب ان کو بے ہوشی آجانے والی تھی اور اس کے پیچھے ہی پیچھے موت بھی۔ اسی رات دو ڈھائی بجے تک میں ان کے پلنگ کے پاس بیٹھا رہا۔ وہ آہستہ آہستہ باتیں کر سکتے تھے ایک ایک لفظ پر؛ کھنیں، سانس لینا ہوتا تھا۔ کایا ان کی سفید پڑ گئی تھی، ہاتھ اور پیروں میں سوجن تھی پھر بھی تھوڑی بہت من کی بات مجھ تک پہنچا ہی سکتے تھے۔

میں نے دیکھا کہ اس وقت جو بات ان کے دل میں تھی وہ اپنی حالت کی نہیں تھی جس کے لئے جیسے اسی لٹریچر کی اونچائی اور بھلائی کی طرف تب بھی ان کی نگاہ تھی۔ وہی ایک ان کی لگن تھی۔

پریم چند کی شخصیت کے بارے میں میں کوئی اندازہ نہیں دینا چاہتا ہوں

وہ کام دوسروں کا ہے۔ ان کی زندگی کی بہت سی باتیں مجھے یاد آتی ہیں ایک لمبا عرصہ ان کے ساتھ رہ سہہ کر میرا بیتا ہے۔ ان کی یاد پر کچھ جی بھر آتا ہے اور دل بھاری ہو جاتا ہے۔ دنیا میں ان سے بڑی بڑی ہستیاں ہیں اور ہوتی رہتی ہیں۔ ان کے بیچ پریم چند کو کہاں رکھنا ہوگا یہ مورخ جانے۔ میرا اس سے کچھ سروکار نہیں۔ لیکن یہ میں جانتا ہوں کہ پریم چند کی زندگی بھی ایک لگن کا نمونہ تھی۔ اور وہ آدھی زندگی نہیں تھی اس میں ہم سب کے سیکھنے کے لئے بہت کچھ سبق مل سکتے ہیں۔

جے نندر کمار

مسیح الملک حکیم اجمل خاںؒ

ایک مغربی مصنف کا قول ہے کہ حقیقی ہیرو وہ ہوتا ہے جسے اس کے اہل خانہ ہیرو سمجھیں۔ اہل مغرب کے نزدیک اہل خانہ کے زمرہ میں وہ عزیز رشتہ دار ہی آسکتے ہیں۔ لیکن مشرق میں خون کے ان رشتوں کے علاوہ ایک اور رشتہ ایسا ہے جو حقیقت کے اعتبار سے ان تمام رشتوں سے گہرا اور ان تمام تعلقات سے زیادہ مضبوط ہوتا ہے۔ وہ رشتہ ہے استاد اور شاگرد کا۔ لہٰذا اہل مشرق کے نزدیک سچا ہیرو وہ ہے جو اپنے شاگردوں کی نگاہ میں بھی ہیرو ہو۔

میں آج اپنی زندگی کے ان لمحات پر جس قدر بھی ناز کروں بجا ہے کہ آج اپنے ایک ایسے ہی ہیرو کی درخشاں زندگی کے متعلق کچھ بیان کرنے کا خوشگوار فرض ادا کرنا ہے۔ وہ ہیرو جسے باہر کی دنیا نے ایک حکیم اور ایک سیاسی رہنما کی حیثیت سے جانا۔ لیکن جسے ایک ایسے شاگرد کی نگاہ میں جس نے ان کی خلوت وجلوت کی زندگی کے نازک اور عمیق ترین پہلوؤں کا مسلسل مطالعہ کیا نہ معلوم کن حسین بلندیوں پر دیکھا۔ مسیح الملک حکیم محمد اجمل خاں مرحوم کی زندگی کے کوائف اور ریڈیو کا محدود وقت۔ حیرت ہے کہ کیا بیان کیا جائے۔ اور کیا چھوڑا جائے۔ اس لئے کہ وہاں تو یہ عالم ہے کہ ؎

زفرق تابقدم ہر کجا کہ می نگرم
کرشمہ دامن دل میکشد کہ جا اینجاست

اور ارباب ریڈیو کی یہ کیفیت کہ دہند ذوق ولے لذّت نظر نہ دہند۔ لہذا ظاہر ہے کہ میرا یہ بیان مکمل نہیں ہو سکتا۔ لیکن یہ جتنا بھی ہے اِس کو توجہ اور غور سے سنیئے۔ کیونکہ یہ اس شخص کی زندگی کا بیان ہے جس نے اپنی زندگی کو دوسروں کی بھلائی کے لئے وقف کر دیا تھا۔ کیا ہندو۔ کیا مسلمان۔ کیا مسیحی۔ کیا پارسی۔ سب کو ایک نگاہ سے دیکھا اور بغیر کسی ذاتی غرض کے سب کی خدمت کی۔

حکیم اجمل خاں بڑی خوبیوں کے آدمی تھے۔ وہ اسلامی طب کے بہت بڑے عالم اور ریفارمر تھے اور اپنی گھریلو زندگی میں وہ ایک سچے مسلمان اور اچھے ہندوستانی تھے۔

حکیم اجمل خاں ایک امیر آدمی تھے۔ اور امیر گھرانے میں پیدا ہوئے تھے۔ لیکن غریبوں کی طرح سادگی پسند تھے۔ اور سادہ زندگی بسر کرتے تھے، امراء کے سامنے وہ سلاطین مغلیہ کی شان و دبدبہ کا نمونہ تھے مگر غریبوں کے لئے وہ ہمدردی اور ایثار کا مجسمہ تھے۔ ہمیشہ ملک کی بھلائی اور ہندو مسلمانوں کے سیاسی ملاپ کے لئے سرگرم اور بے چین رہا کرتے تھے۔ ان کا دل اس آرزو سے لبریز رہا کرتا تھا کہ ہندوستان کو دنیا میں عزت کا اونچا درجہ نصیب ہو۔

حکیم اجمل خاں بخارا (ترکستان) کے مشہور صوفی بزرگ حضرت

خواجہ عبید اللہ احرار کی اولاد سے تھے جن کے پوتوں خواجہ ہاشم اور خواجہ قاسم کو شہنشاہ بابر ہندوستان میں اپنے ساتھ لایا تھا۔ بابر اپنی ڈائری میں جو تزک بابری کے نام سے مشہور ہے۔ ان دونوں بھائیوں کا جابجا تذکرہ کرتا ہے۔ جس سے معلوم ہوتا ہے کہ اس کے دل میں ان بزرگوں کا کتنا احترام تھا۔ بابر کا عقیدہ یہ تھا۔ کہ اس کا دادا تیمور جو ایک چرواہا ہوتے ہوئے عالمگیر فاتح بن گیا اور اس نے بڑی بڑی سلطنتوں کو فتح کرلیا یہ حضرت خواجہ عبید اللہ احرار کی دعاؤں کا نتیجہ تھا۔

مدّت تک اس خاندان میں مذہبی پیشوا ہوتے رہے شہنشاہ جہانگیر کا زمانہ تھا کہ اکمل خاں نے فن طبابت سیکھا۔ اس وقت سے اس گھرانے میں فن طب کا سلسلہ جاری ہوا۔ اور حکیم شریف خاں حکیم صادق علی خاں۔ حکیم محمود خاں وغیرہ بہت بڑے اور بہت نامور طبیب پیدا ہوئے۔ اور احمد شاہ بادشاہ دہلی کے زمانہ تک اس خاندان کے ارکان شاہی طبیب رہے۔

حکیم اجمل خاں حکیم محمود خاں کے چھوٹے بیٹے تھے۔ حاذق الملک حکیم عبد المجید خاں اور حکیم واصل خاں بڑے بھائی تھے۔ حکیم محمود خاں کے یہ تینوں بیٹے ایک سے بڑھ کر ایک لائق و فائق تھے۔ ہر ایک نے خوب نام پیدا کیا۔ ہر ایک نے لاکھوں بندگان خدا کی تمام عمر خدمت کی اور وہ بھی کسی ذاتی غرض کے بغیر۔

حکیم اجمل خاں اور ان کے خاندان کا دستور یہ رہا کہ اگر کوئی ڈلکی

یا کوئی بڑا امیر دہلی سے باہر بلاتا تو اس سے ایک ہزار روپیہ روزانہ فیس لیا کرتے تھے۔ لیکن دہلی میں کوئی امیر ہوتا یا کوئی غریب ان کے پاس آتا یا گھر پر بلاتا۔ اس سے کوئی فیس نہیں لیتے تھے۔ اور جو دوا اپنے پاس سے دیتے اس کی قیمت بھی نہیں لیتے تھے۔ اچھی خاصی قیمتی دوائیں اپنے پاس سے دے دیا کرتے تھے۔

حکیم اجمل خاں ۱۸۶۸ء میں پیدا ہوئے۔ سب سے پہلے قرآن حفظ یاد کیا۔ گھر میں اچھے اچھے قابل استاد پڑھانے والے تھے۔ اٹھارہ برس کی عمر میں فارسی اور عربی میں منطق۔ فلسفہ اور ادب کی اعلیٰ تعلیم حاصل کر لی پھر فن طب کی علمی اور عملی دونوں طریقوں سے پہلے اپنے والد حکیم محمود خاں سے پھر اپنے بڑے بھائی حکیم عبدالمجید خاں اور چچا زاد بھائی حکیم غلام رضا خاں سے حاصل کی۔ اس کے بعد تمام عمر اپنے فن میں ترقی اور کمال حاصل کرنے کرنے کی ہر طریقہ سے کوشش کرتے رہے۔ ان کی نگاہ میں بصیرت اور دماغ میں آزادانہ غور اور تدبر کا مادہ تھا۔ لکیر کے فقیر نہ تھے۔ قدیم مشرقی علوم کی ہر بات کے متعلق آزادانہ اور بے باک رائے رکھتے تھے۔

طب ویدک ڈاکٹری سب کا گہرا مطالعہ کیا۔ ان کی رائے یہ تھی کہ دنیا کی کوئی طب بھی اپنی جگہ مکمل نہیں۔ ایلوپیتھی کے حریف نہ تھے۔ بلکہ میڈیکل سائنس نے جو ترقی کی ہے اس کے پورے قدرشناس تھے۔ ان کی قطعی رائے تھی کہ ہندوستانی طب میں جو چیزیں نہیں ہیں اور جو حال میں دریافت ہوئی ہیں انھیں ہندوستانی طب میں شامل کر دینا چاہیئے۔ علم ان کے

نزدیک ایک جامد شے کا نام نہ تھا۔ دہلی میں ہندوستانی طب کا جو بہت بڑا کالج انہوں نے تعمیر کیا اس کا تعلیمی نظام ٹھیک ان کی رائے کے موافق بنا ہے۔ اس سے ظاہر ہے کہ حکیم اجمل خاں مرحوم کس قدر حقیقت پسند اور کتنے روشن خیال حکیم تھے۔ واقعہ یہ ہے کہ ہندوستان کی طبوں کو ان کی وجہ سے نئے سرے سے زندگی نصیب ہوئی۔ میرے خیال میں ہندوستان کی طبوں کے لئے ایسا ریفارمر پیدا نہ ہو جاتا تو موجودہ ترقی کے زمانہ میں قدامت پسندی کی وجہ سے وہ کب کی فنا ہو چکی ہوتیں۔ انہوں نے ہندوستانی طبوں کی اعلیٰ تعلیم کے لئے اعلیٰ درجہ کا کالج ہی قائم نہیں کیا بلکہ اس فن کی اصلاح اور ترقی کے لئے ایک جماعت پیدا کی اور ایک عملی پروگرام بنایا تاکہ ہندوستان کی طبوں کی سائنٹفک طریقہ سے ریسرچ کی جائے۔ جو باتیں سائنس کی روشنی میں صاف اور صحیح ثابت ہوں برقرار رہنے دی جائیں۔ باقی حصہ جو مشاہدہ اور تجربہ کی کسوٹی پر پورا نہ اترتا ہو ترک کر دیا جائے۔ اور جدید مغربی طب کی سچائیاں اور خوبیاں فراخدلی کے ساتھ ہندوستان کی طبوں کا جزو بنا دی جائیں۔ منصوری پہاڑ کے دوران قیام میں اس سلسلہ میں اپنی اور اپنے رفیقوں کی ایک دستخطی تحریر میں انہوں نے لکھا تھا۔

ہم نے آج ۲ر جولائی ۱۹۲۶ء جمعہ کے دن اصلاح طب کا کام جو حقیقت میں طب کے لئے بمنزلہ اساس کے ہے شروع کیا اور ہم خدا سے دعا کرتے ہیں کہ وہ ہمارے اس نیک کام میں مدد دے

اور ہمیں توفیق عطافرمائے کہ اس جلیل القدر خدمت کو اپنی استطاعت کے مطابق برابر انجام دیتے رہیں۔"

یہ کام ان کی زندگی میں شروع ہو گیا تھا۔ اور طب کے جتنے حصہ کی ریسرچ ان کے سامنے پایۂ تکمیل کو پہنچ گئی اس نے بہت سی چھپی ہوئی حقیقتوں پر سے پردہ اٹھا دیا۔ اور ثابت کر دیا کہ بہت سی باتیں جنھیں نئے زمانہ کی طبی اور علمی تحقیق کا نتیجہ سمجھا جاتا تھا موجودہ ترقی یافتہ زمانہ کے سیکڑوں برس پہلے دنیا کے علم میں آچکی تھیں۔

نظری تحقیق کے علاوہ عملی ریسرچ کا کام بھی ساتھ ساتھ جاری تھا جس کی رو سے اسلامی طب اور ویدک کی دواؤں کا تجزیہ و تحلیل سائنس کے جدید آلات اور طریقوں کے مطابق کیا جاتا تھا۔ یہ کام اب تک کچھ نہ کچھ چل رہا ہے۔ جس نے سائنس کی نئی دنیا سے ہندوستانی طبوں کا براہ راست رشتہ اور تعلق جوڑ دیا ہے۔ روس اور فرانس کے سائنس دانوں نے اس کام کو دیکھکر تعریف کی ہے۔

عام علمی معلومات۔ اپنے فن کے علاوہ دوسرے علوم و فنون میں بھی حکیم صاحب کی معلومات استادانہ حیثیت لئے ہوئے تھیں۔ خاصکر علوم اسلامی۔ فقہ و حدیث۔ علم کلام کے متعلق عربی۔ فارسی اور اردو میں بے تکان بول اور لکھ سکتے تھے۔ تینوں زبانوں کے اچھے شاعر تھے۔ دیوان شیدا کے نام سے ان کا کلام جرمنی میں چھپ چکا ہے۔ خوش نویس بھی تھے۔ اور دہلی کے مشہور خطاط میر پنجہ کش کے ایک نامور شاگرد سے باقاعدہ خوش نویسی

سیکھی تھی۔ ۱۹۱۱ء میں دربار انگلستان کے سفر کے وقت سے انگریزی اخبارات پڑھنے اور سمجھنے لگے تھے۔

علمی زندگی۔ تمام عمر ان کی زندگی ایک طالب علم کی زندگی رہی۔ اگر دنیا میں کسی چیز کو ان کا قلبی شوق اور فطری ذوق کہا جاسکتا ہے۔ تو وہ کتابوں کا پڑھنا تھا۔ رامپور کا کتب خانہ' پٹنہ کی' خدا بخش لائبریری' اور اپنے خاندانی کتب خانہ کو انہوں نے کھنگال ڈالا تھا۔ برٹش میوزم لندن اور قسطنطنیہ کے کتب خانوں سے بعض نادر کتابیں فوٹو کرا کر انہوں نے حاصل کی تھیں۔

پھر کتابوں کو صرف پڑھتے ہی نہ تھے بلکہ ان میں خود جذب ہوتے اور انھیں اپنے اندر جذب کرتے۔ بہت سی کتابوں پر جو انہوں نے پڑھی ہیں ان کے لکھے ہوئے نوٹ اور حاشئے نظر آتے ہیں۔ بعض مصنفوں سے کسی بات میں ان کو اختلاف ہوتا اسے آزادی سے ظاہر کر دیا کرتے۔

تصنیفات: 'لغات طبیہ' ایک طویل کتاب انہوں نے لکھی جو اب تک چھپی نہیں ہے۔ اس کا مقدمہ چھپ چکا ہے: 'رسالہ نبض'، 'الطاعون'، وغیرہ کئی رسالے چھپ چکے ہیں لیکن اصل تصنیفات کاغذوں میں نہیں بلکہ ان زندہ انسانوں کے سینوں اور دلوں میں ہیں جنھوں نے ان کے ساتھ رہنے کا شرف حاصل کیا۔ وہ ہر سفر میں کچھ نہ کچھ لکھتے تھے۔ اور قلم برداشتہ لکھتے تھے۔ بہت سے مضامین تکمیل کے محتاج رہے۔

معمول زندگی کا یہ تھا۔ صبح چار بجے اٹھتے اور دن بھر اور بڑی رات

لئے تک کام کرتے رہتے۔ مولانا شبلی مرحوم فرمایا کرتے تھے کہ "حکیم اجمل خاں کی اتنی محنت اور اتنے مختلف کام دیکھ کر حیرت ہوتی ہے کہ ان کا دل و دماغ کس طرح تر و تازہ رہتا ہے۔" اپنے فن میں جالینوس کی کتابوں اور شرح گیلانی کے عاشق تھے۔ شرح گیلانی ہر وقت ساتھ رہتی تھی اور اس کو بار بار پڑھتے اور عجیب عجیب مطالب اخذ کرتے۔ رامپور سے ملازمت کا تعلق تھا۔ بار بار وہاں جانا ہوتا تھا۔ رامپور پہنچ کر ہمارے لئے پہلا حکم وہاں کی لائبریری سے کتابیں لانے کا ہوتا تھا۔

دو رنگی۔ حکیم صاحب اپنے مذہب اور وطن کے سچے عاشق تھے۔ لارڈ ہارڈنگ سابق وائسرائے سے ان کی اچھی دوستی تھی۔ لارڈ ہارڈنگ کی ان کے متعلق یہ رائے تھی کہ "حکیم اجمل خاں ہندوستان کا بہترین دماغ ہیں۔"

گذشتہ جنگ یورپ کے دوران میں حکیم صاحب نے اسلامی ممالک خصوصاً ترکی کے متعلق اس زمانہ کی برطانوی حکومت کی پالیسی پر لارڈ ہارڈنگ کو فل اسکیپ سائز پر گیارہ صفحے کا ایک طویل خط کوہ منصوری سے لکھا تھا اور دلائل سے بتایا تھا کہ یہ پالیسی صحیح نہیں ہے۔ لارڈ ہارڈنگ اس زمانہ میں برطانوی مجلس وزراء میں شامل تھے۔

ابھی حال میں ترکی کے ساتھ برطانیہ اور فرانس کا نیا معاہدہ ہوا ہے حکیم اجمل خاں کی بہت مدت پہلے رائے تھی کہ برطانیہ کو ایسا ہی کرنا چاہیئے اور یہی کچھ انہوں نے اپنے خط میں لکھا تھا۔ لیکن اس وقت جو جواب انہیں

ملا اس سے وہ مطمئن نہیں ہوئے۔ اسی وقت سے ان کی عام سیاسی زندگی کا دور شروع ہوا۔ ہندو مسلم سیاسی اتحاد کے وہ بہت بڑے طرفدار تھے خلافت کمیٹی اور کانگریس کمیٹی میں جو ملاپ ۲۱-۱۹۲۰ء میں ہوا حکیم اجمل خاں اس کے بہت بڑے ستون تھے۔ احمد آباد کانگریس کے وہ پریزیڈنٹ چنے گئے اور گاندھی جی نے اپنی نظربندی کے بعد انھیں اپنی جگہ کانگریس کا ڈکٹیٹر مقرر کیا تھا۔

تمام لیڈران کا ادب واحترام کرتے تھے۔ اور نہ صرف ادب واحترام بلکہ ان کے دل میں ان کی عقیدت وارادت کے جذبات موجزن رہا کرتے تھے۔ لیڈروں کے آپس میں اختلاف اور جھگڑے پیدا ہوتے تو ایسے موقعوں پر ان کا وجود بہت غنیمت ثابت ہوتا۔ اور ان کی وجہ سے اختلافات دور ہو جاتے تھے۔

تعلیمی دلچسپی۔ سیاسیات سے بڑھ کر ان کو تعلیمی معاملات سے دلچسپی تھی۔ وہ سر سید احمد خاں کے زمانہ سے علی گڈھ کالج کے ٹرسٹی تھے۔

جامعہ ملیہ اسلامیہ جو علی گڈھ میں قائم ہوا تھا۔ جس کا چلنا وہاں دشوار ہو گیا تھا اسے حکیم اجمل خاں اور ڈاکٹر انصاری مرحوم دہلی میں لے آئے۔ اور پھر حکیم صاحب کا زیادہ وقت جامعہ ملیہ کی بقا و ترقی کے مقصد پر صرف ہوتا رہا

حکیم اجمل خاں عورتوں کے لئے دیسی طبوں کی تعلیم کے بانی تھے۔ چنانچہ ۱۹۰۹ء میں مدرسہ طبیہ زنانہ قائم کیا۔ جس کا افتتاح سر لوئیس ڈین

سابق گورنر پنجاب کی بیگم صاحبہ سے کرایا تھا۔ جو اب زنانہ طبیہ کالج کے درجہ پر پہنچ چکا ہے۔

اخلاق اور فیاضی۔ اپنی خلوت کی زندگی میں حکیم اجمل خاں ایک سچے صوفی اور درویش تھے۔ اس حقیقت کے آشنا ان کے حلقہ کے خاص خاص لوگ ہی ہیں۔ مزاج میں نہایت متانت۔ سنجیدگی اور بردباری تھی۔ کبھی متعلقین اور ملازمین پر غصہ نہیں آیا۔ ان کی ذاتی زندگی کے متعلق میرے سامنے سیکڑوں ایسے واقعات ہیں جن میں سے ہر واقعہ ان کی بلند سیرت پر روشنی ڈالتا ہے۔ لیکن صرف اس ایک واقعہ کا ذکر کرتا ہوں۔ جو اس سفر میں پیش آیا جو مرحوم کے ساتھ میرا پہلا سفر تھا۔ نوشہرہ کے برابر مانکی نامی ایک پہاڑی مقام ہے جہاں وہ اس علاقہ کے بڑے روحانی پیشوا ملا صاحب مانکی کے علاج کے لئے سنہ ۱۹۱۰ء میں تشریف لے گئے۔ اس زمانہ میں جی۔ آئی۔ پی میل بمبئی سے پشاور تک جاتا تھا۔ اور ناگدہ میل لاہور تک۔ مقامی مصروفیت کے باعث حکیم صاحب شب کے گیارہ بجے ناگدہ میل سے روانہ ہوئے۔ ساتھیوں میں میں اور میرے بڑے بھائی اور رادریس خدمتگار تھے۔ اسٹیشن پر اتفاق سے دیر سے پہنچے۔ حکیم صاحب کو پہلے درجہ میں جگہ مل گئی۔ ہم دونوں بھائیوں کو دوسرے درجہ میں بیٹھنا تھا۔ جس کی کوئی سیٹ خالی نہ تھی۔ آخر میں ایک کمپارٹمنٹ خالی نظر آیا۔ اس میں بیٹھ گئے۔ سردی کا موسم تھا۔ کتابوں اور کاغذات کے بکس اور تمام سامان حکیم صاحب کے درجہ میں رکھا جا چکا تھا۔ ریلوے کے ٹکٹ اور روپیہ بھائی صاحب کی جیب میں تھا۔ بھائی صاحب کو پان کھانے

کا شوق تھا۔ ادریس سے کہہ کر پانوں کی پٹاری اپنے پاس منگالی۔ادریس کو سرونٹ کمپارٹمنٹ میں جگہ نہ ملی تھی ۔اس کو بھی بھائی صاحب نے اپنے ہی کمرہ میں بلالیا کہ یہاں آکر سو رہو ۔حکیم صاحب مرحوم نے ادریس کو حکم دیا تھا کہ صبح ۶ بجے فیروزپور اسٹیشن پر چار منگانا۔جس ڈبہ میں ہم بیٹھے تھے وہ اتفاق سے بھٹنڈہ اسٹیشن پر کٹ جاتا تھا۔چنانچہ یہ ڈبہ کٹ گیا اور ناگدہ میل آگے چلا گیا۔ فیروزپور اسٹیشن پر حکیم صاحب بیدار ہوئے۔ادریس کے چار لانے کے منتظر رہے۔ یہاں تک کہ ٹرین روانہ ہوگئی ۔ نہ چار آئی نہ منہ ہاتھ دھونے کے لئے گرم پانی۔

تقریباً ایک گھنٹہ کے بعد رائے ونڈ اسٹیشن پر گاڑی پہنچی۔انھیں خوب بھوک لگ رہی تھی۔ باتھ روم کے ٹھنڈے پانی سے منہ ہاتھ دھویا۔ پان بہت زیادہ کھاتے تھے۔ پٹاری دیکھی کہیں نہ ملی۔خود گاڑی سے اترے تمام ٹرین دیکھ ڈالی۔ دونوں شاگردوں میں سے کوئی نہ ملا نہ ادریس نہ خدمتگار۔ بھوک کے علاوہ اب پریشانی اور غصہ کا اضافہ ہونا لازمی تھا۔اپنی نگاہ کی غلطی کا خیال کرکے دوسری دفعہ ساری ٹرین پھر دیکھی اور نتیجہ وہی رہا۔ ٹرین روانہ ہوگئی اور حکیم صاحب اپنے کمپارٹمنٹ میں سوار ہوگئے ۔ راستہ میں عجیب قسم کا ہیجان تھا۔ شاگرد کہاں رہ گئے۔ خدمتگار کو کیا ہوا۔ پان کھاکر وقت گذار سکتے تھے وہ بھی نہیں ملے۔ پنجاب کے اسٹیشنوں پر اس زمانہ میں پان نہیں ملتا تھا۔جیب ٹٹولی اس میں ایک پائی نہیں۔ نہ ریل کے ٹکٹ۔

ادھر یارڈ میں ہم گھبرائے۔ بھائی صاحب اٹھے اور اسٹیشن پر جاکر سبب دریافت کیا اور ٹکٹ کے نمبر دے کر تار دلوائے۔ یہ تار حکیم صاحب کو لاہور کے اسٹیشن ماسٹر نے پہنچایا اور بتایا کہ آپ کے آدمی بھٹنڈہ اسٹیشن پر رہ گئے آپ آگے جانا چاہتے ہیں تو یہ ٹکٹ کے نمبر ہیں۔ آپ جاسکتے ہیں۔

حکیم صاحب وقت کے بڑے پابند اور قدر دان تھے۔ لاہور اسٹیشن پر ٹرین تبدیل کرنی تھی۔ قلیوں کو حکم دیا کہ ہمارا سامان جی۔ آئی۔ پی میل میں رکھو۔ قلیوں نے سامان پہنچانے کے بعد اپنی مزدوری طلب کی۔ یہاں جیب میں کیا تھا جو دیا جاتا۔

ذرا تصور میں لایئے اس کیفیت کو کہ اس زمانہ کا حاذق الملک دہلی کا رئیس اعظم لاہور اسٹیشن پر اس قدر ہجوم میں مجبوراً قلیوں کے تقاضے سن رہا ہے۔ ان کے لیئے آسان تھا کہ لاہور ٹھیر جاتے اور سب کچھ مہیا ہو جاتا۔ مگر پروگرام کے مطابق چل رہے تھے۔ ٹھیرتے کیسے۔ قلیوں کے تقاضے سے تنگ آکر فرسٹ کلاس سے سیکنڈ کلاس میں سامان تبدیل کرایا۔ ایک ستم ظریف قلی نے تنگ آکر یہاں تک کہہ دیا کہ جیب میں پیسے تو ہیں نہیں سفر اتنے بڑے درجہ میں کر رہے ہیں۔ بہت گھبرائے۔ اتفاق سے اسی سیکنڈ کلاس میں نوشہرہ کے خان بہادر مشرف شاہ سفر کر رہے تھے۔ جو کبھی حکیم صاحب سے دہلی میں علاج کرا چکے تھے۔ انہوں نے پریشانی کا سبب دریافت کیا۔ حکیم صاحب نے ماجرا سنایا۔ مشرف شاہ نے فوراً دو سو روپے نذر کیئے اور حکیم صاحب

نے پچیس روپیہ قلیوں کو انعام دیئے۔ اور کھانا منگایا اور اپنے پروگرام کے مطابق شام کو نوشہرہ پہنچ کر ملا صاحب مانکی کے یہاں تشریف لے گئے۔ دو روز قیام فرمایا۔ ہم لوگ تیسرے دن سہ پہر کو نوشہرہ پہنچے اسٹیشن سے باہر مانکی جانے کے لئے بھائی صاحب سواری کا بندوبست کر رہے تھے کہ سامنے سے حکیم صاحب کی سواری آتی معلوم ہوئی۔ سب نے سلام کیا۔ ہاتھ کے اشارہ سے جواب ملا اور سب کو ساتھ لے کر پشاور روانہ ہوگئے۔ نوشہرہ سے پشاور تک ہم میں سے نہ کسی سے کوئی بات کی اور نہ کسی خدمت کا حکم دیا۔ پشاور پہنچ گئے۔ سیٹھی عبدالرشید صاحب کے یہاں قیام کیا۔ جب کھانے پر بیٹھ گئے تو میزبان کے سفر کی خیریت دریافت کرنے پر حکیم صاحب نے پوری سرگذشت سنائی اور اس کے ساتھ ہماری خطائیں بغیر کسی تحریک کے معاف ہوگئیں اور آدمی کے ہاتھ دوسو روپیہ بھیجنے کا حکم دیا۔

اسی ایک واقعہ سے ان کے کیریکٹر۔ ارادے کی مضبوطی۔ عالی حوصلگی سخاوت اور عفو کا اندازہ ہو سکتا ہے۔ یہ سفر بغیر کسی فیس کے مرحوم نے کیا تھا۔ راستہ کے مصارف مرحوم نے اپنے پاس سے ادا کئے تھے! اہل اللہ سے محبت و عقیدت تھی۔ اور کبھی فیس نہ لیتے تھے۔

مختلف حیثیتیں۔ الغرض حکیم اجمل خاں طرح طرح کی خوبیوں کا ایک سنگم تھے۔ امیر بھی تھے۔ اور درویش بھی۔ عالم بھی تھے اور مدبر بھی۔ فیاضی اور ایثار میں ان کا درجہ بہت اونچا ہے۔ جس کی زندہ یادگار آیورویدک

یونانی طبیہ کالج دہلی اور ان کا قائم کیا ہوا ہندوستانی دواخانہ ہے۔ جو کالج کے لئے وقف اور جس کی آمدنی سے طبیہ کالج جیسا ادارہ چل رہا ہے۔

نمونہ۔ ہر لحاظ سے ان کی زندگی ملک کے ہر نوجوان کے لئے ایک فائدہ بخش نمونہ ہے۔ دنیا میں عزت اور مرنے کے بعد زندہ رہنے کا یہی راستہ ہے۔ جس نے بھی حکیم اجمل خاں کی طرح یہ راستہ اختیار کیا کامیاب ہوا۔ سچی خوشی غریبوں کے ساتھ نیکی اور بھلائی کرنے میں ہے۔ ایسی نیکی اور بھلائی جس میں نام کی شہرت اور ذاتی غرض کا کوئی شائبہ تک نہ ہو۔

میں یہ کچھ کہہ رہا ہوں اور ان کی زندگی کا ایک ایک واقعہ میرے سامنے آرہا ہے۔ جو اس حقیقت کی تصدیق کرتا ہے۔ میری نگاہوں نے جو کچھ انھیں دیکھا ہے اس سے نہ معلوم ہیں انھیں نہ معلوم ہیں انھیں کیا کیا ماننے پر مجبور رہوں لیکن جو کچھ میں نے مختصراً بیان کیا ہے اس کے سننے والے کم از کم اتنا تو ضرور مانیں گے ؎

ہزاروں سال نرگس اپنی بے نوری پہ روتی ہے
بڑی مشکل سے ہوتا ہے چمن میں دیدہ ور پیدا

حکیم ذکی احمد دہلوی

ڈاکٹر انصاری

ڈاکٹر مختار احمد صاحب انصاری مرحوم سے آپ حضرات کسی نہ کسی واسطہ اور حیثیت سے بخوبی واقف ہیں اور بہت ممکن ہے کہ بعض ایسے بھی ہوں جو مجھ سے بھی زیادہ ان کو جانتے اور سمجھتے ہوں۔

میرا واسطہ تو ان کے پیشہ کی ابتدا اور کامیاب زندگی کے آغاز سے آخری دم تک ہی رہا ہے۔ میں جو کچھ عرض کروں گا وہ اسی زمانہ کے حالات اور واقعات پر مشتمل ہوگا۔

ڈاکٹر صاحب مرحوم دوستی کے پکے اور مروت کے سچے تھے۔ جو اُن پر بھروسہ کرتا اس کے دکھ درد کے برابر کے شریک بن جاتے۔ دوستی کا حق بطور فرض ادا کرتے تھے۔ اپنے حلقۂ احباب میں تقریباً ہر ایک کے معتمد اور دلی دوست تھے۔ ہر ایک کے زاویۂ نگاہ کو خوب سمجھتے تھے لیکن اپنی اولوالعزمی سے کسی کو اپنے جیتے جی یہ احساس نہ ہونے دیا کہ وہ ان کو بھی سمجھ لیتے ہیں جو ان کو نہیں سمجھتے۔ دوستی میں خاص و عام کا فرق ان کے یہاں نا روا تھا۔ وہ سب ہی کے ناز بردار تھے۔ اور سب سے نیازمندی سے پیش آتے۔ ان کی نیازمندی میں بھی ایک شانِ بے نیازی تھی۔ ارادہ کے مضبوط۔ بات کے دھنی اور طبیعت کے غنی تھے۔ جو سوچتے وہ کرکے رہتے۔ اور جو کرتے اس کے ہر پہلو پر نظر رکھتے۔ مصیبت میں مطمئن، پریشانی

میں پر سکون ہوتے اور زیادہ سے زیادہ سوچتے تھے۔ ہمیشہ نپی تلی بات کہتے اور جچی رائے رکھتے تھے۔ گو وہ خود صاحب رائے تھے اور واقعات شاہد ہیں کہ ہر اعتبار سے مانے ہوئے لوگوں میں سے تھے۔ مگر اپنی منوانے پر کبھی نہ اڑتے۔ دوست تو دوست دشمن کو بھی سمجھاتے اور رام کر لیتے تھے۔ ان کو دل اور ہاتھ دونوں ہی قدرت نے کھلے ہوئے دیئے تھے اپنی دریا دلی سے عزیزوں اور دوستوں کے ہمیشہ کفیل رہے۔ آنے جانے والوں اور ملاقاتیوں کے کام آتے تھے۔ مریضوں کے ہمدرد۔ دکھیوں کے درد مند۔ علم دوست۔ علم پرور تھے۔ اچھے ہمسایہ اور مخلص پڑوسی تھے بڑے بوڑھوں میں باادب اور بچوں پر شفیق اور بے تکلف بمطب میں خلیق اور باوقار۔ گھر کی زندگی میں بے ریا یار تھے۔ ان کی محبت منہ دیکھی نہ ہوتی اور نہ وقت اور مصلحت کی پابند تھی۔ ان کی مروت پیٹھ پیچھے بھی بجنسہ برقرار رہتی اور ہر وقت کام کر جاتی تھی۔ اپنے دوستوں کے حاضر وغائب یکساں بہی خواہ تھے۔ ان کو کسی پر کبھی شک نہ ہوا اور نہ کبھی کسی سے عداوت ہوئی۔ جن سے دل گرفتہ ہوتے ان کو بھی معاف کر دیتے گلہ شکوہ اگر کرتے تو رُو در رُو کرتے۔ احباب تو احباب میں نے اغیار کو بھی ان پر وثوق کرتے دیکھا ہے۔ اور یہ امر واقعہ ہے کہ غیروں کے آڑے آتے رہے اور اس طرح کام آتے جس طرح ان کو ضرورت اور توقع ہوتی تھی۔ یہ عجب انداز تھا کہ احسان کرتے اور خود شرمندۂ احسان بھی ہوتے۔ کیا نرالی ادا تھی کہ سلوک کرتے اور سدا بھول جاتے تھے۔

اپنوں دجنھیں وہ اپنا تصور کر بیٹھتے تھے ، اس وقت تک نباہ کرتے جب تک کہ وہ ان سے بالکل الگ ہو کر دوسری راہ نہ لگ جاتے۔ پھر بھی ان کے آملنے کی امید رکھتے تھے۔ اپنے نیک نیت مخالف کا احترام بھی باوجود اختلاف رائے کے حاضر و غائب ہمیشہ ملحوظ رکھتے۔ زیادہ سے زیادہ اختلافی بحث میں بھی ذاتیات سے بالا رہ کر بحث نفس معاملہ تک محدود رکھتے تھے۔

ڈاکٹر صاحب مرحوم بلحاظ اعتقاد مذہبی آدمی تھے۔ اس لئے بلاتفریق ہر مذہب اور ہر فرقہ کا احترام ان اخلاق کا نمایاں پہلو تھا۔ سنی المذہب حنفی المشرب تھے۔ بدعت سے پرہیز اور مبالغہ سے احتیاط برتتے۔ نماز جب کبھی پڑھتے خلوص قلب سے پڑھتے ان کی نماز ریاکاری سے خالی اور اثر میں ڈوبی ہوئی ہوتی تھی۔ رمضان کے روزے بڑی احتیاط اور اہتمام کے ساتھ پورے تیس دن رکھتے۔ صدقہ۔ زکوٰۃ۔ خیرات اور حسنات میں مستحقین کو پہلے دیتے۔ ہم میں سے کسی کو نہیں معلوم کہ ان کی جیب اور بٹوہ پر کس کس ضرورتمند کی حاجت روائی کا بار تھا۔ اور کس طرح یہ ان لوگوں تک خود پہنچ جاتے تھے۔ اور یہ تو میں نے ہزار ہا بار دیکھا کہ بے روک ٹوک ہر حاجت مند ان تک پہنچ جاتا تھا۔

مطب میں ہر حلقہ اور ہر طبقہ کے مریض آتے تھے۔ اچھے بھی اور برے بھی۔ بلحاظ ڈاکٹر ہونے کے کسی سے انکار کرنا تو ناممکن تھا۔ ان سے کیونکر انکاری ہوتے۔ مگر مجھ پر تاکید تھی کہ ایسوں سے فیس ہرگز نہ لو۔ جن کے پیشے معیوب مشتبہ اور ناروا ہوں۔ مجھ کو یاد ہے کہ اس مسئلہ پر

مرحوم نے فتویٰ بھی لیا تھا۔

بہ اعتبار خط و خال ڈاکٹر صاحب مرحوم حسین تو نہیں کہے جا سکتے تھے مگر دیدہ زیب ضرور تھے۔ ان کے بشرہ میں کچھ عجیب جاذبیت اور کشش تھی چہرہ پر خاص طرح کا اطمینان۔ آنکھوں میں خود اعتمادی اور ہمدردی صورت ملیح۔ انداز نرم۔ بول چال میٹھی۔ پیشانی کشادہ اور بلند۔ میانہ قد۔ ہونٹوں پر ہر وقت مسکراہٹ جو نہ خندہ ہوتا نہ تبسم۔ رس بھری آواز۔ انداز سے چارہ گر عیافہ سے سراپا اخلاص و اعتماد تھے۔ ہنسی دل لگی میں نہایت شستہ اور شائستہ۔ سنجیدہ مذاق خود بھی کر جاتے۔ اور دوسروں کے فقروں کی داد بھی دیتے۔ ایک مرتبہ ڈاکٹر سید عبدالرحمٰن صاحب نے "اپریل فول" منانے کی سوچی۔ دفتر سے کوٹھی کو ٹیلیفون کیا۔ کہ ان کی ٹمٹم ٹریم کار سے ٹکرا گئی۔ سخت چوٹ آئی۔ ڈاکٹر صاحب، مرحوم ابھی تیار بھی نہ ہو پائے تھے بس جیسے تھے اسی طرح بن ہاتھ منہ دھوئے چل پڑے۔ کچہری پہنچے تو گھبراہٹ کا یہ عالم تھا کہ خود ڈاکٹر عبدالرحمٰن صاحب ہی سے ان کی خیریت دریافت کرتے رہے اور جب اس مذاق کی نوعیت معلوم ہوئی تو بہت ہنسے اور پھر خود بھی دوسروں کو بنانے پر اتر آئے۔ دفتر کا مرید ٹیں ٹیلیفون ہوا اور کچھ اس طرح گھڑ کر خبر سنائی کہ وہاں سے مولانا مرحوم اور ان کے گھر کے لوگ بی اماں وغیرہ گاڑیوں میں بیٹھ موری دروازہ ڈاکٹر صاحب کی کوٹھی پر پہنچے اور کوٹھی پر ٹیلیفون کیا گیا تھا کہ بھابی محمد علی صاحبہ کی گاڑی الٹ گئی اس لئے بیگم صاحبہ ڈاکٹر انصاری مرحوم کوچہ چیلان

میں مولانا کے گھر پہنچ گئی تھیں۔ وہ لوگ یہاں حیران اور بیگم صاحبہ مرحوم وہاں پریشان۔ ان میں سے بعض تھوڑی دیر کے لئے برہم بھی ہوئے اور جو خفا ہوئے وہ کچھ شرمندہ بھی ہوئے۔

ڈاکٹر صاحب مرحوم ایک دفعہ رام پور رات کی گاڑی سے جارہے تھے۔ برسات کی رات۔ ہوا بند۔ سڑی گرمی۔ ڈبہ میں اُمس اور پلیٹ فارم پر گھمس۔ گرمی اور گھٹن سے پریشان۔ پسینہ سے تربتر۔ چاہتے تھے کہ جلد استراحت کریں اور پنکھے چلائیں کہ کچھ ہو لگے اور تسکین ہو کہ ایک بزرگوار اس طرف آنکلے جو کبھی مریض تھے۔ اور اب اپنے آپ کو دوست اور وہ بھی بے تکلف دوست تصور کر بیٹھے تھے آتے ہی انہوں نے اپنی سب کچھ حالت ایک سانس میں سنادی تو مرحوم نے حسب ضرورت کچھ تدبیر اور کچھ ہدایت کردی مگر اس سے ان کی کچھ بہت تشفی نہ ہوئی اور ہوتی کیسے۔ بھلا ایسی ضرورتیں کہیں اس طرح پوری ہوا کرتی ہیں۔ سمجھتے سمجھاتے اور دیر لگتی گئی۔ ان کے حسب حال جواب دیتے ہوئے ڈاکٹر صاحب مرحوم بستر پر لیٹے تو یہ حضرت کھڑکی پر ہاتھ رکھ کر اپنی کہنے لگے اور اصرار کہ سنتے بھی رہیئے۔ اشارہ کنایہ کی تو صاف ٹال جاتے تھے اور صاف گوئی گویی جاتے۔ کچھ دیر میں سمجھے اور سمجھے تو جھینپ مٹانے کو بے تکلفی پر اتر آئے۔ شکوہ کے انداز میں کہنے لگے۔ ڈاکٹر صاحب اب تو آپ آم بھی نہیں کھلاتے۔ مرحوم نے فرمایا۔ "کیوں صاحب کیا لنگڑا ہر وقت ساتھ رکھوں"۔ خیر سے ایک اصلی اور دوسری نقلی ٹانگ پر لنگ کرتے ہوئے کھڑکی سے الگ ہوئے۔ یہ اتفاق کہ ان کی ٹانگ کا آپریشن ڈاکٹر صاحب نے

ہی کیا تھا۔

مرحوم کو کھانے اور کھلانے کا بے حد لطیف ذوق تھا۔ اور اچھی تمیز تھی۔ ان کی مہمان نوازی دور و نزدیک مشہور تھی۔ ہندوستان کے اور باہر کے مہمان اکثر رہا کرتے تھے۔ جب کوئی مغربی مہمان ہوتا تو بالاہتمام مغلئی کھانے پکواتے اور کھلاتے تھے۔ ان کے ترکی اور مصری دوستوں نے بے تکلف دلّی کی بریانی بشب دیغ۔ سیخ کباب اور پسندے کھائے تو اس کی ترکیب بھی سیکھنے کی فرمائش کی۔ جنوری سنہ ۱۹۳۶ء میں آخری نوبت ویانا کے ایک ڈاکٹر پروفیسر سیوگر کی میزبانی کی آئی جو سیاحت کے لئے ہندوستان تشریف لائے تھے۔ ان کی مدارات کے لئے بریانی پکوائی تو اس میں ہری مٹر کے دانے اور کوفتے بھی ڈلوا دیئے پروفیسر کو یہ ترکیب اس قدر پسند آئی اور بریانی اتنی بھائی کہ بے قابو ہو کر بار بار منگائی اور خوب کھائی۔ لطف یہ کہ خود بدولت معدہ ہی کی بیماریوں کے ماہر اور معالج کی حیثیت سے بین الاقوامی شہرت رکھتے تھے۔ کم کھانے پر ہر مریض اور دوست احباب سے ان کا اصرار جاری رہتا تھا۔ مگر اس وقت تو کم از کم بھول ہی گئے تھے۔ کھانے کے بعد بھی دیر تک پکانے کی اس ترکیب کو سراہتے رہے۔

ڈاکٹر صاحب مرحوم کو علم اور تعلیم سے خاص شغف تھا۔ ہر صاحب شوق پر ان کی نگاہ پڑتی اور وہ اس کی سرپرستی اس طرح کرتے گویا ان کا ہی فرض تھا۔ اپنی اس مختصر زندگی میں آدھے درجن احباب اور اعزا کو

یورپ تعلیم کی خاطر اپنے بل بوتے پر بھیجا اور آخر تک ان کی کفالت نہایت اولوالعزمی کے ساتھ کرتے رہے۔

مغربی تعلیم کے لئے ان کا ایک اصول تھا کہ جن کا انتخاب کیا جائے وہ زیادہ سے زیادہ اپنی تہذیب اور تمدن میں پختہ اور مضبوط ہوں تاکہ مغرب کی سطحی دلفریبیوں میں گم نہ ہو جائیں۔ اسے حسن اتفاق ہی سمجھئے کہ ولایت میں عرصہ تک رہے اور ایسی جگہ رہے جہاں سے مجلسی محاسن اور معائب کو اچھی طرح دیکھ سکے اس لئے اپنے تجربہ اور گہرے مطالعہ کی بنا پر ان کو اپنی رائے پر اصرار کا حق بھی تھا۔ اس طرح مربی کے انتخاب کی بابت وہ ایک اصول کے پابند تھے۔ ان کی رائے تھی کہ اس کو ایک نرس کی طرح لڑکوں کا اعتماد حاصل کر لینا چاہیئے۔ اور طالب علم سے بے تکلف دوستی پیدا کر لینی چاہیئے۔ تاکہ ہر وقت ایک مخلص دوست کی طرح اس کی مشکلات میں دوست طور پر کام آئے۔ محض رعب داب سے کام لینے والے اکثر حالات سے بے خبر رہا کرتے ہیں اور بعض اوقات تو قصداً بے خبر رکھے جاتے ہیں جس کا انجام اکثر و بیشتر تکلیف اور مایوس کن ہوتا ہے۔

ان کا خیال تھا کہ برائی کو برائی سمجھنے کی پختہ سے پختہ عادات بھی ماحول بدلتے ہی کمزور پڑ جاتی ہیں اور سخت ضوابط اور پابندیوں کے پرداختہ اور پرورده کافی بے باک اور جری ہو سکتے ہیں بعض ایسے مراحل سے بھی ان کو گزرنا پڑتا تھا جہاں وہ ایک نیک نیت اور مخلص

کی دستگیری کے محتاج ہوتے ہیں اس مرحلہ پر وہی بے تکلف اور ہوشیار مربّی ان کے آڑے آتا ہے جو قعر دریا میں تختہ بندی کے ساتھ ہی ساتھ دامن ترمکن اور ہوشیار باش بھی کہہ سکتا ہے۔

انھیں اصول اور رائے کی بنا پر تو اپنے عزیز بھانجے ڈاکٹر شوکت اللہ شاد انصاری کو ایک خط میں لکھتے ہیں کہ تم پردیس میں ہو جہاں تم کو ایک مخلص اور بے تکلف دوست کی ہر وقت اور ہر ہر قدم پر اب ضرورت محسوس ہوتی ہوگی۔ ڈاکٹر بہجت وہی میرے مخلص دوست اور تمھارے سرپرست اور نگراں حال ہیں۔ میں جانتا ہوں اگر تم چاہو اور میری رائے میں ضرور چاہو تو وہ تمھارے بے تکلف دوست ہو سکتے ہیں۔ تم کو اس کی ضرورت ہے اور آئندہ اور ہوگی۔ ان سے اپنی ہر طرح کی فکر اور ضرورت کہو۔ وہ تمھاری ہر طرح مدد کریں گے تم ابھی بہجت کو اتنا نہیں سمجھ سکے ہوگے جتنا میں جانتا ہوں۔ میں نے دنیا دیکھی ہے۔ مجھ کو تمھاری دماغی اور روحانی مشکلات اور کشاکش کا اندازہ ہے۔ وقتاً فوقتاً اپنے دل کی مجھ سے بھی اگر کہتے رہو تو میں بہت مطمئن اور خوش رہوں گا۔ میں بہت خوش ہوں گا اگر مجھ کو ماموں ہوتے ہوئے بھی اپنا ایک مخلص دوست سمجھ لو۔ کیا ماموں دوست نہیں ہو سکتا؟ یہ وقت مجھ پر بھی گزرا ہے۔ گو میں اس اخلاص کا جو آج تم کو میسر ہے۔ محتاج تھا۔ میرے جو عزیز تھے وہ اگر کچھ تھے تو محض سرپرست اور ایک خاص زاویۂ نگاہ رکھتے تھے۔ میں ان کی طرح اپنے اثر سے

تم کو ڈرانا پسند نہیں کرتا. میں چاہتا ہوں کہ تم میں خود اعتمادی پیدا ہو۔ تم خود اپنے نگراں آپ بنو. وہی سے تمھیں کافی مدد ملے گی. اور میری عین راحت سمجھ کر اپنے دل کی کہتے رہو. اور میں اپنے دل کی تم سے کہتا رہوں گا۔

مرحوم کی قدامت پسندی میں لچک تھی. نئی روشنی سے نہ تو آنکھیں میچ لی تھیں. اور نہ چکا چوند ہو گئے تھے ۔ زمانہ کے ساتھ سلامت روی کے ساتھ چلنے کے حامی تھے ۔ نئے اور پرانے زمانوں کے درمیان کی ایک ضروری کڑی تھے ۔ اس لئے اعتدال پسند تھے. ان کے پیش نظر ایک روشن مستقبل تھا جس کی تعمیر میں وہ ہر پہلو سے مصروف تھے. آنے والی نسل میں ایسی صلاحیت اور استعداد پیدا کر جانا چاہتے تھے جو اس کی تشکیل میں زیادہ سے زیادہ حصہ لے سکے. ہاتھ پر ہاتھ رکھے منہ دیکھتی نہ رہ جائے. یہ عجیب خوبی تھی کہ جس مرتبہ کے سرجن تھے اسی درجہ کے فزیشن بھی. ڈاکٹروں میں آج تک یہ بحث ہو جاتی ہے کہ سرجن ان کو بہترین سرجن اور فزیشن پختہ کار فزیشن سمجھتے ہیں.

شروع ہی سے اپنی خاص برادری یعنی ڈاکٹروں میں آنا کانی ان کو گراں تھی ۔ اس کی اصلاح کے لئے میڈیکل ایسوسی ایشن کی بنیاد ۱۳۴۱ء؁ ۱۹۱۲ء میں رکھی جس کے پہلے صدر آنجہانی ڈاکٹر عطر چند صاحب ریٹائرڈ سول سرجن تھے. شہر کے آزاد مطب کرنے والے ممتاز ڈاکٹروں اور ملازمت پیشہ صاحب مرتبہ سرجنوں اور فزیشنوں کو ممبر بنایا. جلسے

کیئے اور کرتے رہے۔ یہاں تک کہ ان کی باہم اجنبیت اور نفرت بہت حد تک کم ہوئی گئی۔ لارڈ ہارڈنگ بالقابہم کے اسٹاف سرجن کرنل رانسبن کو میں نے انھیں اجلاسوں میں دیکھا تھا اور نمایاں حصے لیتے دیکھا تھا۔

ڈاکٹر صاحب مرحوم اپنے ساتھ ہمیشہ ایک دو نوجوان اور نو آموز ڈاکٹروں کو بطور اسسٹنٹ شریک رکھا کرتے تھے۔ کیوں نہ ہو۔ بڑے تھے اسی لئے تو چھوٹوں کو نوازا کرتے۔ تقسیم کار کے قائل۔ ہر کارے اور ہر مردے پر عامل تھے۔ ہمہ گیر مطب اور ہمہ دانی کے دعویٰ سے سخت متنفر تھے۔

اسے کشف صدر کہئے یا غیر شعوری احساس۔ ایک دن کا واقعہ ہے کہ جامع نگرا و کھلا دیکھنے گئے جو زیر تعمیر تھا۔ خواجہ عبدالمجید صاحب بیرسٹر الہ آبادی اور ڈاکٹر ذاکر حسین صاحب بھی ساتھ تھے۔ چلتے پھرتے اس ٹیلے پر آن ٹھہرے۔ دیر تک کچھ سوچا ادھر ادھر دیکھا۔ کہنے لگے بھائی خواجہ مجھ کو تو یہ جگہ بہت ہی پسند آئی۔ شیخ الجامعہ سے تھوڑی سی زمین دلواؤ تو یہیں ایک چھوٹا سا مکان بنالوں اور شوکو کے (ڈاکٹر شوکت اللہ کو پیار سے شوکو کہا کرتے تھے) آجانے کے بعد بس کاروبار سے علیحدہ ہوکر یہاں رہوں گا۔ جامعہ سامنے اور جامعہ کے بچے ہمارے پڑوسی کسے معلوم تھا کہ ان کے اس خواب کی تعبیر موت کے بعد اس طرح پوری ہوگی۔

محمد غالب دہلوی

علامہ اقبالؒ

اقبال مرحوم کے متعلق کچھ کہنے سے پہلے میرے لئے یہ واضح کردینا ضروری ہے کہ میں ان کے ذاتی دوستوں میں سے نہیں تھا۔ میری حیثیت صرف ایک عقیدتمند کی تھی اور ہے۔ اقبال کا کلام بچپن سے سنا کرتے تھے۔ سالہا سال سے یہ خواہش تھی کہ جس شخص کا یہ کلام ہے اس سے ملاقات بھی کی جائے۔ جب میں کالج کی تعلیم کے لئے لاہور آیا تو یہ خواہش اور بھی بڑھی۔ اقبال کو دیکھنے کا پہلا موقع مجھے اس وقت ملا جب وہ اسلامیہ کالج لاہور کے ہال میں "اسلام اور اجتہاد" کے مضمون پر لکچر دینے آئے۔ یہ ۱۹۲۵ء کے قریب کا واقعہ ہے۔ اقبال کی صحت اس وقت بہت اچھی تھی۔ رنگ سرخ و سفید تھا۔ سر پر ترکی ٹوپی تھی اور انگریزی سوٹ پہنے ہوئے تھے۔ ان کی مونچھیں اوپر کو چڑھی ہوئی بہت شاندار معلوم ہوتی تھیں۔ لکچر لمبا تھا اور وہ آہستہ آہستہ بول رہے تھے لیکن کبھی کبھی جوش بھی آجاتا تھا۔ خاص طور پر جب انہوں نے لکچر کے دوران میں ترکی شاعر ضیاؔ کی ایک نظم سنائی تو ان کی آواز میں ایک گونج پیدا ہوگئی تھی۔

یہ لکچر سننے کے کچھ عرصہ بعد میں اور میرے دوست نیاز محمد خاں صاحب جو آج کل بنگال گورنمنٹ کے انڈر سکرٹری ہیں اقبال کے

مکان پر گئے۔ اقبال اس زمانہ میں میکلوڈ روڈ لاہور پر ۱۱۴ کی کوٹھی میں رہتے تھے۔ اس احاطے کے دروازے پر ایک پرانا سا بورڈ لگا ہوا تھا۔ ہم اندر چلے گئے۔ تو اقبال کو برآمدے میں بیٹھا دیکھا۔ معلوم ہوا کہ کارڈ بھیجنے کی کوئی ضرورت نہیں ہے اور جو آتا ہے سیدھا جا کر مل لیتا ہے۔ باوجود اس کے ہم نے مناسب سمجھا کہ ملنے کی اجازت مانگیں۔ چنانچہ اجازت مل گئی۔ کچھ اور لوگ بھی بیٹھے تھے۔ اقبال نے بڑی مہربانی کے ساتھ ہم سے باتیں کرنی شروع کیں۔ جب دوسرے لوگ اٹھ گئے تو ہم نے ان سے مختلف سوالات پوچھنے شروع کیے۔ مجھے یاد ہے کہ میں نے ان سے ایک سوال یہ بھی پوچھا کہ آپ خدا کی ہستی کو کس بنا پر مانتے ہیں۔ انہوں نے جواب دیا کہ میں نے اسے دیکھا ہے، یہ جواب انہوں نے نہایت متانت سے دیا۔ مجھے ان کا لہجہ آج تک یاد ہے۔ اس کے علاوہ کچھ اور باتیں بھی ہوئیں اور تھوڑی دیر بیٹھ کر ہم واپس چلے آئے۔ اس ملاقات نے ہم دونوں کی ہمت بندھائی۔ اقبال کے انداز میں نے رعونت بالکل نہ دیکھی۔ وہ ہمارے ساتھ جو کہ محض طالب علم تھے اسی طرح گفتگو کر رہے تھے۔ جیسے اپنے برابر کے لوگوں کے ساتھ کی جاتی ہے۔ اس کے بعد ہم لوگوں نے ان کے پاس باقاعدہ جانا شروع کر دیا۔ میں اس ملاقات کے بعد قریباً آٹھ سال لاہور میں رہا اور جب بھی موقع ملا ان کی خدمت میں حاضر ہوتا رہا۔ اقبال کے ملاقاتی ہر قسم اور ہر طبقے کے لوگ تھے۔ ان میں فلسفی، ریاضی داں، سائنس داں، پروفیسر اور طالب علم بھی تھے اور شہر کے پہلوان بھی۔

بڑے بڑے امیر اور رفرعون طبیعت آدمی بھی ان سے ملنے آتے تھے اور غریب اور مفلس لوگوں کے لئے بھی ان کا دروازہ کھلا تھا۔ میں نے ان کے ہاں ہندو مسلمان، سکھ، عیسائی، پارسی، انگریز، امریکن سبھی کو دیکھا جن لوگوں کے سیاسی خیالات ان سے ملتے تھے وہ بھی دیکھے اور جو سیاسیات میں ان کے مخالف تھے وہ بھی۔ اقبال ہر ایک کے ساتھ خلوص اور تپاک سے ملتے تھے اور ہر مضمون پر پوری آزادی سے گفتگو ہوتی تھی۔ ان کے پاس سب سے زیادہ نوجوان طالب علم آتے تھے۔ اور صرف لاہور ہی سے نہیں بلکہ دور دور سے۔ اس کے علاوہ باہر کے ملکوں کے سیاح بھی آتے رہتے تھے۔ اقبال کو نوجوانوں سے مل کر اور ان سے باتیں کرکے بہت خوشی ہوتی تھی اور ان لوگوں کو بھی ایسا معلوم ہوتا تھا کہ اقبال ان کے ہم عمر ہیں۔

اقبال کی طبیعت میں یہ خاص بات تھی کہ جس شخص کے ساتھ بات کرتے تھے اس کے مطلب کی کرتے تھے۔ میں نے انھیں پہلوانوں کے ساتھ داؤ پیچ کے متعلق مزے لے لے کر گفتگو کرتے بھی دیکھا ہے اور تجارت پیشہ لوگوں کے ساتھ کاروباری معاملات پر بحث کرتے بھی اور یہ محض ان کا نمائشی بھیس نہیں تھا۔ بلکہ ان کے پاس بیٹھ کر کبھی کسی کو یہ محسوس نہیں ہوتا تھا کہ وہ اسے حقیر سمجھتے ہیں۔ واقعہ بھی یہی تھا کہ وہ کسی کو حقیر نہیں سمجھتے تھے۔ مجھے یاد ہے کہ میرے ایک عزیز دوست نے ایک دفعہ ان سے کہا کہ خدا نے ضرورت سے زیادہ انسان پیدا کر دیئے ہیں اور ان میں سے اکثر کی زندگی بے معنی ہے۔ اقبال نے اس رائے سے اتفاق نہیں کیا۔ بلکہ جوش سے کہا کہ ہر ایک

انسان اپنی اپنی جگہ پر ایک مستقل حیثیت رکھتا ہے اور کسی کا وجود بیکار نہیں ہے. پھر کہا کہ اس حقیقت کا پتہ اس وقت چلتا ہے جب ہمیں کسی شخص سے اچھی طرح سابقہ پڑے اور ہم اسے قریب سے دیکھیں۔

ان کی گفتگو موقع کی مناسبت کے لحاظ سے انگریزی اردو یا پنجابی میں ہوئی تھی. پنجابی نہایت ٹھیٹھ بولتے تھے. میں نے ان کی زبان سے بہت سے نئے نئے الفاظ اور خاص الخاص محاورے سنے جو میں نے باوجود پنجابی ہونے کے اور کہیں نہ سنے تھے. زبان میں تصنع نام کو نہ تھا. انگریزی یا اردو یا پنجابی جو بھی بولتے تھے اس میں بناوٹی لہجے کا گمان بھی نہ ہوتا تھا ان کا مقصد ہمیشہ یہی ہوتا تھا کہ اپنا مطلب صحیح اور سادہ طور سے ادا کریں لباس کے معاملے میں بھی وہ کسی خاص وضع کے پابند نہ تھے. شام کو جب گھر کے برآمدے میں بیٹھتے تو کبھی کبھی انگریزی سوٹ پہنے ہوتے تھے. کبھی صرف قمیص اور شلوار. اور کبھی کبھی بنیان اور چادر ہی پہنے ہوتے تھے. گھر سے باہر بھی کوئی خاص لباس خصوصیت کے ساتھ نہیں پہنتے تھے انگریزی لباس بھی ہوتا تھا قمیص اور شلوار اور چھوٹا کوٹ بھی جو پنجابیوں کا خاصہ ہے. کبھی کبھی قمیص اور شلوار کے ساتھ کھلے گلے کا لمبا کوٹ بھی پہن لیتے تھے. سر پر کبھی ترکی ٹوپی. کبھی ایک اور کالی سی ٹوپی جس کا ایک زمانے میں پنجاب میں بڑا رواج تھا اور کبھی مشہدی لنگی ہوتی تھی رات کو کہیں کسی انگریزی طریقے کی دعوت میں بلائے جاتے تھے تو انگریزی سوٹ کے ساتھ اکثر ایک بندھی بندھائی نکٹائی لگا لیتے تھے. گھر پر خواہ

بیٹھے ہوں خواہ لیٹے حقہ ساتھ موجود رہتا تھا۔ عام طور پر ان کے ملاقاتیوں میں سے کوئی شخص ان کی اجازت کے بغیر حقہ کو ہاتھ نہیں لگا سکتا تھا۔ جوں جوں کش لگاتے تھے ان کے خیالات کی رفتار زیادہ ہوتی تھی۔ حقہ کی آگ ذرا مدھم ہو جاتی یا تمباکو بدلوانا ہوتا تو فوراً اپنے نوکر علی بخش کو آواز دیتے تھے۔ یہ علی بخش ان کو ان کی طالب علمی کے زمانہ سے جانتا تھا اور بڑے عرصہ سے ان کے پاس نوکر تھا۔

اقبال کے لباس کی سادگی کے سلسلہ میں مجھے ایک دلچسپ واقعہ یاد آگیا ایک دن صبح کے وقت کچھ لوگ اقبال کے پاس بیٹھے تھے۔ میں بھی موجود تھا۔ اقبال برآمدے میں بیٹھے حقہ پی رہے تھے اور صرف بنیان اور چادر پہنے ہوئے تھے۔ اتنے میں دو فوجی جوان جو وضع قطع سے شمالی پنجاب کے کسی ضلع کے رہنے والے معلوم ہوتے تھے خاموشی سے ہمارے پاس آکر ایک طرف کو کرسیوں پر بیٹھ گئے۔ اور کچھ عرصہ تک چپ چاپ بیٹھے رہے اتنے میں جب اقبال کے ایک دوست جوان کے قریب بیٹھے تھے اٹھ کر باہر کی طرف گئے تو ایک فوجی جوان نے مجھ سے پوچھا کہ یہ صاحب کون ہیں میں نے ان کا نام بتایا۔ اس پر اس نے مجھ سے پوچھا کہ ترجمان حقیقت حضرت علامہ ڈاکٹر سر شیخ محمد اقبال ایم۔ اے۔ پی۔ ایچ۔ ڈی بیرسٹرایٹ لاء ممبر لیجسلیٹو کونسل پنجاب کون سے ہیں۔ مجھے اس پر ہنسی آگئی۔ ایک صاحب نے پوچھا کیوں ہنستے ہو۔ میں نے فوجی صاحب کی طرف اشارہ کرکے کہا کہ یہ صاحب ترجمان حقیقت حضرت علامہ ڈاکٹر سر شیخ محمد اقبال ایم۔ اے

پی. ایچ. ڈی. بیرسٹر ایٹ لا ممبر لیجسلیٹو کونسل پنجاب کی تلاش میں ہیں اور ابھی تک مل نہیں سکے. اس پر ایک قہقہہ پڑا اور اقبال بھی اس میں شامل ہوئے کسی نے ان فوجی صاحب سے کہا کہ یہ دیکھو تمھارے سامنے اور کون بیٹھا ہے. اس پر ان فوجی نوجوانوں کو اس قدر تعجب ہوا کہ دیکھنے سے تعلق رکھتا تھا. اقبال ان سے بڑی مہربانی کے ساتھ پیش آئے. معلوم ہوا کہ وہ دونوں رسالے میں نوکر تھے اور سی. پی سے کچھ عرصہ کی چھٹی لے کر اپنے وطن ضلع شاہپور کی طرف جا رہے تھے. انھوں نے اقبال کا نام سُن رکھا تھا اور شاید ان کی ایک آدھ نظم بھی پڑھی ہوگی. وطن جاتے جاتے محض اقبال کی صورت دیکھنے کے لئے لاہور اتر رہے تھے. ان کا خیال تھا کہ اقبال بڑے ٹھاٹھ کے آدمی ہوں گے. کم از کم یہ تو ان کے وہم میں بھی نہ تھا کہ وہ انھیں صرف بنیان اور چادر پہنے ہوئے دیہاتیوں کی طرح حقہ پیتے ہوئے پائیں گے.

میں پہلے عرض کر چکا ہوں کہ اقبال کی گفتگو ہر موضوع ہوتی تھی. سائنس. فلسفہ. تاریخ. مذہب. ادبیات وغیرہ کا کوئی مسئلہ ہی ایسا ہوگا جس کا ذکر ان کی مجلس میں نہ آتا ہو. نظریہ اضافیت. یورپ کی تہذیب اور اس کے معاشی مسائل. ایشیائی ملکوں کی موجودہ حالت. اسلام کا مستقبل سب زیر بحث آتے تھے. اور پھر اسی پر موقوف نہ تھا. مجھے ان کی ایک محفل یاد ہے جس میں گھنٹوں تک محض پلاؤ اور اس کے مختلف اقسام پر جو آجکل مختلف ملکوں میں رائج ہیں گفتگو ہوتی رہی. ایک

اور مجلس میں پہلوانوں کے داؤ پیچ کا ہی ذکر رہا۔ سیاسیات سے انھیں دلچسپی تھی مگر لیڈر قسم کے لوگوں سے عام طور پر بیزار تھے۔ خود تین سال تک لیجسلیٹو کونسل پنجاب کے ممبر رہ چکے تھے مگر اس کے متعلق ایک دفعہ مجھ سے کہنے لگے کہ میرے کونسل جانے کی بڑی وجہ یہ ہوئی کہ میری طبیعت کا رخ علمی مشاغل کی طرف اس قدر ہو گیا تھا کہ توازن قائم رکھنے کے لئے میں نے دنیا کے عملی معاملات میں بھی دل چسپی لینا ضروری سمجھا۔ اس سلسلہ میں یہ بھی کہا کہ جب میں کیمبرج میں تھا تو فلسفہ کے ساتھ ساتھ معاشیات کا مطالعہ بھی اسی غرض سے کیا کرتا تھا کہ طبیعت کا توازن قائم رہے۔ اقبال کے پاس جس وقت صرف وہ لوگ بیٹھے ہوتے تھے جن کو وہ اچھی طرح سے جانتے تھے تو گفتگو بالکل بے تکلف ہوتی تھی۔ اپنی جوانی کے زمانے کی داستانیں یورپ کے قیام کے قصے اور ادھر ادھر کے چٹکلے سب بیان ہوتے تھے ایسی مجلسیں میں نے بعض اوقات رات کے بارہ بجے تک جاری رہتی بھی دیکھی ہیں ان موقعوں پر کبھی کبھی اپنے غیر مطبوعہ اشعار بھی سنا دیتے تھے۔ مگر ایسا شاذو نادر ہوتا تھا۔ ایک وقت میں ہم لوگوں نے ان سے درخواست کرکے یہ انتظام کیا کہ وہ شام کے وقت اپنا کلام خود ہمیں پڑھا یا کریں یہ سلسلہ کچھ دیر تک قائم رہا مگر آگے نہ چلا۔

اقبال کی خوش طبعی ایک خاص چیز تھی۔ موضوع کتنا ہی متین کیوں نہ ہو اسے وہ اکثر مذاق کی چاشنی دے دیا کرتے تھے۔ انتقال سے پہلے دو تین سال بیمار رہے۔ میں ایک مرتبہ مزاج پرسی کو حاضر ہوا تو کہنے لگے

کہ یہ مجھے سزا ملی ہے اس بات کی کہ میں عالم بالا کے بہت سے راز جو بتانے کے نہیں ہوتے آپ لوگوں کو بتا دیتا ہوں ۔ بیماری کی حالت میں میں نے انھیں مطمئن پایا ۔ عام طور پر مریضوں کی طبیعت میں جو چڑچڑا پن پیدا ہو جاتا ہے وہ ان میں نہیں تھا ۔

ان کی خوش طبعی کے سلسلہ میں مجھے ایک لطیفہ یاد آ گیا ۔ ایک شخص جس نے کچھ عرصہ ہوا پنجاب کے کسی گاؤں میں نبوت کا دعویٰ کر رکھا تھا اقبال کے پاس آیا اور انھیں اپنی طرف رجوع کرنے کے لئے کہا کہ کل رات میں رسول ؐ کریم کے دربار میں حاضر تھا ۔ وہاں آپ کا ذکر آیا اور حضور نے آپ کے حق میں بڑے اچھے کلمے کہے ۔ چنانچہ میں آپ کو اس کی بشارت دینے آیا ہوں اقبال نے سر جھکا لیا ۔ اور کچھ سوچ کر بولے ۔ کہ صاحب آپ کا شکریہ ۔ لیکن مجھے اس معاملہ میں کچھ تعجب سا ہے ۔ نبوت کے مدعی صاحب نے پوچھا کیا بات ہے ۔ اقبال بولے کہ صاحب حیران میں اس لئے ہوں کہ کل رات رسول کریم کے دربار میں میں خود بھی موجود تھا ۔ مگر میں نے وہاں آپ کو نہیں دیکھا ۔

ایک مرتبہ ایک صاحب جو اقبال کی خدمت میں اکثر حاضر ہوا کرتے تھے کچھ دنوں کے وقفہ کے بعد ملنے آئے ۔ انہوں نے دیر سے آنے کا سبب پوچھا ۔ ان صاحب نے افسوس کے لہجے میں فرمایا کہ ڈاکٹر صاحب کیا کریں عجیب مصیبت ہے ۔ دنیا کے دھندے ایسے ہیں کہ فرصت اگر مل بھی جاتی ہے تو وقت نہیں ملتا ۔ اقبال یہ سن کر بہت ہنسے اور ان صاحب سے کہا کہ

آج تم نے وہ بات کہی جو آئین سٹائن کے باوا کے ذہن میں بھی نہ آئی ہو۔

اقبال کی غذا میں نے عام طور پر سادہ دیکھی۔ مگر وہ مختلف کھانوں کی خوبیاں خوب پہچانتے تھے اور ان کا ذکر ذوق وشوق سے کیا کرتے تھے لباس ان کا ہمیشہ سادہ ہوتا تھا۔ مگر جو لباس بھی پہنتے تھے خواہ بنیان اور چادر ہی کیوں نہ ہو اس میں باوقار نظر آتے تھے۔ اپنے بچوں سے انھیں بہت پیار تھا۔ جس زمانہ میں مجھے ان سے ملنے کا موقع ہوتا رہا میں نے ان کی خانگی زندگی کو خوشی سے پر دیکھا۔ اپنے نوکروں کے ساتھ ان کا برتاؤ نہایت اچھا تھا۔ ان کا نوکر علی بخش ان کے پاس سالہا سال رہا۔ ان کی طبیعت میں فیاضی بھی تھی۔ میں نے دیکھا کہ باہر کے ملکوں کے مسلمان بھی جن کی مالی حالت خراب ہوتی تھی جب ان کے پاس آتے تھے تو وہ روپے کے ساتھ ان کی امداد کرتے تھے۔ ایک عرصہ تک تو لوگوں کا یہ خیال تھا کہ اقبال کے پاس پیسہ نہیں۔ یہ غلط تھا۔ ان کی آمدنی معقول تھی اور چونکہ وہ پیسے کو بیجا طور پر ضائع نہیں کرتے تھے اس لیے ان کو کسی نے تنگدست نہیں دیکھا اپنے انتقال سے دو تین سال پہلے انہوں نے اپنے خرچ سے ایک عالی شان کوٹھی میورو ڈ پر بنوائی تھی اور اس میں رہنے لگے تھے۔

انھیں مطالعہ کا بہت شوق تھا۔ ان کی زندگی طالب علم کی سی زندگی تھی۔ ایک دفعہ کسی نے ان سے کہا کہ ڈاکٹر صاحب اس قدر مطالعہ کرنے سے کیا حاصل ہے۔ جواب دیا کہ یہ تو مجھے دوسری دنیا میں بھی کام دے گا۔ ان

کے متعلق یہ کہا جاتا ہے کہ ان کی زندگی کا عملی پہلو کمزور تھا۔ یہ ایک بڑی حد تک صحیح ہے۔ اگرچہ وہ کونسل کے ممبر رہے، مسلم لیگ اور مسلم کانفرنس کے صدر بھی بنے۔ راؤنڈ ٹیبل کانفرنس میں بھی گئے، کابل کا سفر بھی کیا۔ انجمن حمایت الاسلام لاہور کے پریزیڈنٹ بھی ہوئے۔ مگر اس میں کچھ شک نہیں کہ اگر ان کی طبیعت کا رخ واقعی عملی کاموں کی طرف ہوتا تو یہ چند کام ان کے لئے کافی نہ ہوتے۔ عام لوگوں کو نہ صرف ان پر اعتماد تھا۔ بلکہ ان کے ساتھ محبت تھی۔ جب کبھی وہ انجمن حمایت اسلام کے جلسہ میں آتے تھے تو خواہ ان کی تقریر انگریزی ہی میں ہوتی۔ پنڈال میں ایک ہجوم ہو جاتا تھا اور جو سمجھتا وہ بھی سنتا تھا اور جو نہیں سمجھتا تھا وہ بھی سنتا تھا۔

اقبال مسلمانوں کی فرقہ بندی کو پسند نہیں کرتے تھے۔ اور نہ ہی باہر کے ملکوں کے مسلمانوں اور ہندوستان کے مسلمانوں میں کوئی فرق سمجھتے تھے۔ اسی پر موقوف نہ تھا بلکہ ان کی طبیعت پر ایسی کیفیت بھی اکثر طاری ہوا کرتی تھی کہ وہ سارے انسانوں کو محض انسان کی حیثیت سے دیکھتے تھے اور ملک اور مذہب وملت کی تفریقوں کو بالکل بھلا دیتے تھے۔

اقبال کی شخصیت اس قدر جامع کمالات تھی کہ اس کے ہر پہلو کا ذکر کرنا ایک بہت بڑی کتاب لکھنے کی کوشش کرنا ہے۔ وہ ایک ہیرے کی مانند تھے جس کے کئی پہلو ہوں اور ہر پہلو میں ایک نئی چمک ہو۔ میں نے ان کا ذکر محض سرسری طور پر کیا ہے۔ اس سے زیادہ اس موقع پر ممکن نہیں۔ آخر میں آخر میں یہ کہنا چاہتا ہوں کہ جن لوگوں کو ان سے ملنے کا موقع ملا وہ اگر اپنی

خوش قسمتی پر ناز کریں تو بجا ہے۔ ان کا کلام دنیا کے سامنے ہے اور اس میں بے انتہا کشش ہے۔ مگر ان کی ذات میں ان کے کلام سے زیادہ کشش تھی۔ افسوس کہ موت نے یہ گوہرِ بے بہا ہم سے بے وقت چھین لیا۔

ممتاز حسین

سر راس مسعود

مجھے اپنی زندگی میں جتنے بڑے اور مشہور آدمیوں سے ملنے کا اتفاق ہوا ہے ان میں دو نے مجھے سب سے زیادہ متاثر کیا ہے۔ اور وہ دونوں گزشتہ دو سال میں خدا کو پیارے ہو چکے ہیں۔ ایک تو ڈاکٹر اقبال اور دوسرے سر سید راس مسعود۔ ڈاکٹر اقبال سے مل کر انسان کو یہ محسوس ہوتا تھا کہ ان کا دماغ حکمت اور فراست کا ایک گہرا خزانہ ہے جس کی تہ تک پہنچنا دشوار ہے۔ یا روشنی کا ایک مینار ہے جو انسانی تقدیر کے تاریک ترین گوشوں کو منور کر دیتا ہے۔ سر سید راس مسعود سے مل کر نہ صرف انسان ان کی دماغی قابلیت کا معترف ہو جاتا تھا بلکہ ان کی پوری ہمہ گیر اور دل کش شخصیت سے مسحور ہو جاتا تھا۔ ان کی ایک ہی ملاقات کا نقش اس قدر گہرا ہوتا تھا کہ اس کو بھلانا ممکن نہ تھا۔

میری سمجھ میں نہیں آتا کہ اس چند منٹ کی تقریر میں کس طرح اس سراپا باغ و بہار شخصیت کی تصویر کشی کر دوں؟ ایک بڑی مشکل یہ بھی ہے کہ جن لوگوں کو ان کی ملاقات اور دوستی کی نعمت میسر نہیں ہوئی۔ انھیں میری تصویر میں مبالغہ کی جھلک نظر آئے گی۔ لیکن ان کے ہزاروں دوستوں اور عقیدتمندوں کو یہی تصویر بے کیف و رنگ معلوم ہوگی۔ کیونکہ وہ اس کا مقابلہ اس جیتی جاگتی دل فریب شخصیت کے تصور سے کریں گے جو ان کے دل و دماغ میں

بسی ہوئی ہے۔ خود مجھے بھی یہی دقت محسوس ہوتی ہے۔ کیونکہ میری نگاہ تخیل کے سامنے تو مصور فطرت کا ایک رنگین شاہکار ہے۔ اور جو کچھ میں بیان کر رہا ہوں وہ محض قلم سرمہ کا ایک دھندلا سا خاکہ معلوم ہوتا ہے۔ میں جس سلسلہ میں تقریر کر رہا ہوں اس کا مقصد یہ ہے کہ ہندوستان کے بعض مشاہیر کے بارے میں ان جاننے والوں کو اپنے شخصی تاثرات کے اظہار کا موقع دیا جائے۔ اس میں ان کی مختصر زندگی کے قابل کارنامے نہیں گناؤں گا۔ میں ذکر نہیں کروں گا آکسفورڈ (OXFORD) کے اس ہر دلعزیز طالب علم کا جس نے اپنی غیر معمولی شخصیت کا سکہ غیروں پر جمایا اور غیروں نے بھی اپنا بنالیا۔ نہ بہار کے خوش تقریر پروفیسر کا۔ نہ ریاست حیدرآباد کے ناظم تعلیمات کا جس نے محکمہ تعلیم میں نئی زندگی ڈالی اور عثمانیہ یونیورسٹی کے خواب کو حقیقت کا جامہ پہنایا۔ نہ علی گڈھ یونیورسٹی کے وائس چانسلر کا جس نے ایک نازک دور میں اس کی ناخدائی کر کے اسے ساحل عافیت تک پہنچا دیا۔ نہ ریاست بھوپال کے وزیر معارف کا جس نے وہاں کے تعلیمی جمود میں حرکت پیدا کر دی کیونکہ یہ ان کے مورخ اور سوانح نگار کا کام ہے۔ میں تو اپنے صرف اس عزیز اور محترم دوست کا ذکر کرنا چاہتا ہوں جن کو میں نے سب سے پہلے اپنی طالب علمی کے زمانے میں دیکھا اور پھر کئی سال تک ان کے ساتھ علی گڈھ میں کام کرنے کی سعادت نصیب ہوئی۔ جن کو غیر معمولی انسانی صفات کی بدولت ڈاکٹر اقبال۔ مہاتما گاندھی اور لارڈ ارون سے لے کر علی گڈھ کے ہر طالب علم اور چھوٹے سے ملازم تک کے دل میں وقعت اور محبت تھی۔

مجھ کو پہلی مرتبہ ان کا نیاز ۱۹۲۲ء میں حاصل ہوا جب میں علی گڑھ یونیورسٹی کی طرف سے طلبہ کے ایک وفد کا ممبر بن کر حیدر آباد گیا تھا۔ میرے اور ان کے خاندان میں تین پشت سے مراسم چلے آتے تھے۔ اس لئے ان کی خدمت میں حاضر ہونا میرا فرض تھا۔ چنانچہ میں اپنے ایک دوست خواجہ سردر حسن کے ساتھ جو اس زمانے میں حیدر آباد میں رہتے تھے اور اب دہلی کے لا کالج میں پروفیسر ہیں ان کے یہاں پہنچا۔ ہمیں ان کے کتب خانہ میں بٹھایا گیا۔ جہاں ہزاروں کتابیں جن میں سے اکثر کی نہایت خوش نما اور دیدہ زیب جلدیں انھوں نے خاص اہتمام سے بندھوائی تھیں نہایت سلیقہ سے الماریوں میں لگی ہوئی تھیں۔ ان کے حسن مذاق کی یہ پہلی جھلک تھی جو میں نے دیکھی۔ لیکن بعد کی ملاقات سے اندازہ ہوا کہ ان کی گوناگوں زندگی کے ہر پہلو میں، ادب میں، آرٹ اور موسیقی میں، عمارتوں کی تعمیر اور مکان کی آرائش میں باغ کی چمن بندی میں ہر جگہ یہی حسن مذاق کارفرما تھا۔ چند ہی منٹ بعد ایک وجیہ اور شاندار شخص کمرہ میں داخل ہوا۔ اونچا قد۔ سڈول جسم، گورا رنگ انگریزوں کی طرح سرخ دسفید نہیں بلکہ ہسپانویوں کی ایک زیتونی جھلک لئے ہوئے۔ پیشانی کشادہ جس سے طبیعت کی رفعت اور فراخی ظاہر ہوتی تھی۔ آنکھیں بڑی بڑی اور روشن۔ جن سے بہ یک وقت سنجیدگی اور ظرافت ٹپکتی تھی۔ بشرے سے عزم اور استقلال اور فراست دذہانت آشکار اور چہرہ ذکاوت احساس اور لطافتِ جذبات کا آئینہ ..... یہ سید راس مسعود تھے۔ میں ان سے ملنے تو آیا تھا۔ لیکن دل میں ایک جھجک تھی۔ بر

ایک گمنام طالب علم اور وہ ریاست حیدرآباد کے ناظم تعلیمات اور ایک مسلمہ شہرت کے مالک. شاید ملاقات بالکل رسمی ہو کر رہ جائے۔ شاید وہ بعض یورپ زدہ ہندوستانیوں کی طرح پوچھ بیٹھیں "میں آپ کے لئے کیا کرسکتا ہوں"؟ شاید وہ ان لوگوں میں سے ہوں جو اپنی گفتگو کے افلاس کو چھپانے کی خاطر موسم کے بارے میں بات چیت کرنے لگتے ہیں. شاید بہت سے دوسرے بڑے آدمیوں کی طرح وہ اپنی عظمت اور اہمیت کا سکہ مجھ پر بٹھانا چاہیں. شاید وہ .... لیکن میں اس وقت تک اپنے راس مسعود سے واقف نہ تھا۔ جس کے ناوک اخلاق و گفتار نے اپنی دنیا میں کوئی صید نہ چھوڑا تھا۔ چند ہی منٹ میں ان کے خلوص و محبت کے برتاؤ اور گفتگو کے انداز نے میری جھجک اور احساس کمتری کو دور کردیا اور مجھے یہ معلوم ہونے لگا کہ میں ایک پرانے اور شفیق دوست سے باتیں کررہا ہوں. میرا نام سنتے ہی کہنے لگے۔ ارے میاں مجھے تمھارے متعلق سب کچھ معلوم ہے. تمھارے والد سے اور تمھارے خاندان سے خوب واقف ہوں. تم تو نہیں جانتے لیکن جس شخص کی رگوں میں حالی کا خون ہو وہ میرے لئے عزیزوں سے بڑھ کر ہے. کیونکہ میں نے بچپن میں اپنے والد کو یہ کہتے سنا ہے کہ اگر انسان کی پرستش گناہ نہ ہوتی تو میں حالی کو پوجتا اور پھر مولانا حالی اور ان کے فرزند خواجہ سجاد حسین صاحب اور میرے والد مرحوم کا ذکر اور ان کے قصے سنانے شروع کردیئے۔ اور اسی سلسلہ میں حالی کی شاعری. انیس کی شاعری اردو اور انگریزی ادب. علی گڑھ یونیورسٹی. جدید مطبوعات

اور نہ معلوم کن کن چیزوں کا ذکر آتا گیا. گفتگو کیا تھی ایک موتیوں بھرا سمندر موجیں مار رہا تھا. یا ایک روشن شمع تھی کہ جس طرف مڑ جاتی اس طرف روشنی جھلملانے لگتی. اور میری یہ کیفیت کہ ؎

وہ کہیں اور سنا کرے کوئی

واقعہ یہ ہے کہ ان کا سا خوش بیان میں نے ہندوستان کیا کسی ملک میں بھی نہیں دیکھا. ان کی ذات ہر محفل میں رونق محفل ہوتی تھی جس صحبت میں پہنچ جاتے نسیم بہار کی طرح دلوں کو شگفتہ کر دیتے. ان کے سامنے کسی دوسرے شخص کی ہوا نہ بندھتی تھی. ان کے پاس قصّے کہانیوں، حکایتوں اور لطیفوں کا ایک ختم نہ ہونے والا ذخیرہ تھا. جن کو وہ نہایت سلیقہ کے ساتھ برمحل استعمال کرتے تھے اور تخیل کی جولانی کا یہ عالم تھا کہ اگر کوئی شخص مبارزانہ انداز میں کوئی عجیب و غریب قصہ سناتا تو وہ فوراً ہی فی البدیہہ ایک عجیب تر داستان تصنیف کر کے سنا دیتے. ایک دفعہ ایک شامت کے مارے امریکن نے اپنے مخصوص خود پسندی کے انداز میں اپنے ملک کی عظمت و شان کی داستانیں بگھارتے ہوئے کہا کہ دنیا بھر میں سب سے بڑی سرنگ امریکہ میں ہے جو ۲۵ میل سے زیادہ لمبی ہے. مسعود صاحب کو شرارت سوجھی کہنے لگے. بس اس سے تو کہیں زیادہ لمبی سرنگ ہمارے ہندوستان میں ہے. جو مغل بادشاہوں نے دہلی سے آگرہ تک بنائی تھی. تاکہ جنگ کے موقع پر وہ پوشیدہ طور پر سفر کر سکیں. یہ سرنگ کوئی سوا سو میل لمبی ہے. اس نے امریکہ کی عزت برقرار رکھنے کو ایک آخری کوشش کی. کہنے لگا کہ ہمارے یہاں تو سرنگ میں بجلی کی روشنی ہوتی

ہے .اُن لوگوں نے روشنی کا کیا انتظام کیا ہوگا۔راس مسعود کے دماغ میں بجلی کی سرعت کے ساتھ اس کا برجستہ جواب کوند گیا۔بولے اسی میں تو انہوں نے اپنا کمال دکھایا تھا۔اس زمانہ میں بجلی تو نہ ہوتی تھی اس لئے جب سرنگ تیار ہوگئی تو انہوں نے ساری مغل فوج کو برسات کے موسم میں جنگل میں بھیج دیا تاکہ وہاں سے کروڑوں جگنو پکڑ کر سرنگ میں چھوڑ دیں۔ چنانچہ ان جگنوؤں کی چمک نے اس سرنگ کو بقعۂ نور بنا دیا۔اور اب تک ان کی اولاد اس سرنگ میں بستی ہے اور وہاں کے اندھیرے میں اجالا کرتی رہتی ہے۔ بے چارہ سادہ لوح امریکن اپنا سا منہ لے کر رہ گیا۔اور اس کو یہ شبہ بھی نہیں گزرا کہ وہ اس قدر سنجیدہ چہرہ بنائے اس پر اپنی ظرافت کی مشق ستم کر رہے ہیں۔ان کی ستم ظریفی کی بہت سی دلچسپ مثالیں میں نے دیکھی ہیں جن کو سنانے کا موقع نہیں ہے۔صرف ایک قصہ سن لیجئے۔ ایک دفعہ اردو کے ایک مشہور ادیب جواب مرحوم ہو چکے ہیں ان کے پاس ٹھیرے ہوئے تھے۔ان کو نہ صرف بواسیر کی شکایت تھی بلکہ وہ ہر کس و ناکس سے موقع اور بے موقع اس موضوع پر اس قدر تفصیل کے ساتھ گفتگو کرتے کہ لاچار ہو کر مخاطب کا ذہن یا تو خودکشی کی طرف مائل ہوتا یا قتل کی طرف۔مسعود صاحب ان کی اس گفتگو کا لطف کئی دفعہ اٹھا چکے تھے۔اس زمانے میں ان کے یہاں ایک فرانسیسی پروفیسر بھی ٹھیرے تھے۔جن کو بے حد بولنے کی عادت تھی اور کسی کے سامنے چپ نہ ہوتے تھے۔مسعود صاحب نے اپنے ادیب دوست سے تو علیحدگی میں یہ کہہ دیا کہ یہ بے چارہ فرانسیسی مدت سے بواسیر میں مبتلا

ہے اور اس بارے میں آپ کے تجربات اور مجرّبات سے فائدہ اٹھاناچاہتا ہے ۔ اور فرانسیسی سے یہ کہا کہ ان صاحب کو آپ سے ایک نہایت ضروری موضوع پر گفتگو کرنی ہے ان کو آپ اپنے ساتھ ہواخوری کو لے جایئے ۔ اس نے خلوص نیت سے انھیں سیر کو چلنے کی دعوت دی ۔ اس کے بعد آیندہ دو گھنٹے میں بیچارے فرانسیسی پر جس نے پہلے کبھی بو ایسر کا نام بھی نہ سنا تھا جو گزری اس کا اندازہ آپ خود کرسکتے ہیں ۔ لیکن مورخ بیان کرتا ہے کہ اس کے بعد ہمیشہ ادیب کو دیکھتے ہی پروفیسر کو پسینہ آجاتا تھا ۔

ان سے میری دوسری ملاقات ۱۹۲۹ء میں ہوئی ۔ جب وہ یونیورسٹی کے وائس چانسلر ہوکر علی گڈھ تشریف لائے ۔ استادوں اور یونیورسٹی کے طلبہ کا ایک جم غفیر ان کے خیر مقدم کے لئے اسٹیشن گیا تھا ۔ میں ایک طرف کھڑا ہوا تھا اور خیال یہ تھا کہ سات سال پہلے کی ایک ملاقات کے بعد وہ کیا پہچانیں گے ۔ اس لئے اس وقت نہیں ملوں گا ۔ لیکن انہوں نے دیکھتے ہی پہچان لیا ۔ اور خود بڑھ کر تپاک اور محبت سے ملے ۔ واقعہ یہ ہے کہ ان کا حافظہ بلا کا تھا ۔ جو چہرہ ایک دفعہ دیکھ لیتے یا جو نام ایک دفعہ سن لیتے وہ ہمیشہ کے لئے ان کی یاد میں محفوظ ہو جاتا ۔ جن لوگوں کو ۲۵ ۔ ۳۰ سال کے بعد دیکھتے ان کو نہ صرف پہچان لیتے تھے بلکہ پچھلی ملاقات کا وقت اور موقع اور ان کے لباس تک کو تفصیل کے ساتھ بیان کردیتے تھے ۔ میں نے کم سے کم پانچ چھ مرتبہ ان کے حافظہ کا یہ کمال خود دیکھا ہے ۔ اس قدرتی عطیہ کا ایک نتیجہ یہ تھا کہ وہ یونیورسٹی کے بیشتر طلبہ کے نام اور چہروں کو پہچانتے تھے

اور ہر طالب علم سے اس خلوص سے ملتے کہ اس سے ان کی ذاتی دلچسپی اور خصوصیت کا اظہار ہوتا۔ اسی وجہ سے طلبا بھی پروانوں کی طرح ان کے گرد رہتے اور ان کو "ہمارا محبوب وائس چانسلر" کہا کرتے۔ علی گڑھ میں کوئی وائس چانسلر طلبا میں اس قدر ہر دل عزیز نہیں ہوا۔ اس گہرے تعلق کی وجہ محض ان کی خوش کلامی نہ تھی۔ بلکہ ان کا وسیع اخلاق تھا وہ اپنے میل جول میں شرافت اور وضع داری کا ایک اعلیٰ نمونہ تھے ان کے دربار میں چھوٹے بڑے امیر غریب سب کے ساتھ ایک سا برتاؤ ہوتا تھا۔ وہ اپنے پرانے نوکروں سے بھی اسی خلوص اور بے تکلفی سے ملتے تھے جس طرح اپنے عزیز اور معزز دستوں سے بلکہ ان کے یہاں بقول حالی "خاکساروں سے خاکساری تھی اور سربلندوں سے انکسار نہ تھا"۔ ان کو ہر قسم کی تنگ دلی تعصب اور [illegible] (چھچھورے پن) سے نفرت تھی۔ ہندو مسلمان۔ عیسائی ہندوستانی انگریز۔ فرانسیسی ہر نسل اور مذہب اور حیثیت کے لوگ ان کے عزیز دوستوں میں شامل تھے اور ان کا دل اتنا بڑا تھا کہ ان میں اپنے دوستوں۔ عزیزوں نوکروں۔ ملاقاتیوں۔ بلکہ مخالفوں کے دکھ درد کے لئے بھی جگہ تھی۔ علی گڑھ میں کئی سال تک میرا ان کا ساتھ رہا اور میں نے انھیں جلوت وخلوت دونوں میں دیکھا اور ہمیشہ یہ پایا کہ اس شریف اور دل والے انسان نے کبھی روپیہ پیسہ۔ وقت سفارش۔ ہمدردی کے معاملے میں بخل سے کام نہیں لیا۔ دراصل ان کا دل ضرورت سے زیادہ نازک اور حساس واقع ہوا تھا۔ اسی وجہ سے مخالفوں کی مخالفت کا گھاؤ ان کے دل پر گہرا لگتا

تھا۔ ان کی طبیعت جمہوری اداروں میں کام کرنے کے لئے بہت موزوں نہ تھی۔ جب انہوں نے بعض حالات سے مجبور ہو کر علی گڈھ چھوڑا تو ہندوستان بھر کے مشاہیر میں شاید ہی کوئی ایسا شخص ہو جس نے ان کو اس خیال سے باز رکھنے کی کوشش نہ کی ہو۔ لیکن وہ باز نہ آئے۔ میں نے بھی ایک روز ہمت کر کے پوچھا کہ آخر آپ اپنی عادت کے خلاف اس معاملہ میں اس قدر ضد اور اصرار کیوں کرتے ہیں تو انہوں نے بہت حسرت کے لہجہ میں جواب دیا اور مجھے ان کے الفاظ اب تک یاد ہیں۔ ''سیدین تم نہیں جانتے میرا دل شیشے کی طرح سے ہے۔ جب ٹوٹ گیا تو ٹوٹ گیا۔ اب اس کو کاغذ اور گوند لگا کر نہیں چپکا سکتے''۔

- علی گڈھ چھوڑنے کے بعد بھی وہ جب کبھی علی گڈھ آئے ان سے ملاقات ہوئی جس سے ایسا لطف ملتا جیسا ایک تھکا ہوا مسافر چند گھنٹے کے لئے کسی نخلستان میں پہنچ جائے۔ دو مرتبہ بھوپال میں ان کے ساتھ ٹھیرنے اور زیادہ مفصل ملاقات کرنے کا شرف نصیب ہوا۔ میں عمر بھر اس مہمان نوازی کے لطف اور خلوص اور محبت کے خلوص کو نہیں بھول سکتا۔ ان کی خوبصورت کوٹھی ''ریاض منزل'' اور وہاں سے پہاڑیوں اور جھیل کا دل کش اور پر فضا نظارہ جس نے اقبال کے تغزل کو از سر نو بیدار کر دیا تھا۔

انذھیری رات میں یہ چشمکیں ستاروں کی — یہ بحر یہ فلکِ نیلگوں کی پہنائی
سفر عروس قمر کا عماری شب میں — طلوع مہر و سکوت سپہر مینائی

اور وہاں سر راس مسعود اور لیڈی مسعود کی میزبانی اب ایک خواب معلوم

ہوتا ہے۔ وہ زمانہ ان کی مجلسی اور خانگی زندگی کا بہترین زمانہ تھا۔ ذاتی افکار سے نجات پا کر ان کا دماغ بھوپال اور اہل بھوپال کی بہتری کی مختلف تدابیر سوچنے میں مصروف رہتا تھا۔ ایک روز صبح کوئی کتاب لینے کے لئے میں نے ان کے کتب خانہ کا دروازہ کھولا۔ تو دیکھا کہ آٹھ دس بڑی بڑی پگڑیوں والے پنڈت ان کے گرد بیٹھے ہوئے ہیں۔ پوچھا سید صاحب کیا ہو رہا ہے۔ معلوم ہوا کہ ان کے زیر ہدایت سنسکرت کی بعض مستند کتابوں کا اردو میں ترجمہ ہو رہا ہے۔ آٹھویں دن یہ سب ودوان اپنے اپنے ترجمے کر کے لاتے ہیں اور وہ ان کو پڑھوا کر سنتے ہیں اور ترجموں کا مقابلہ کرتے ہیں۔ واقعہ یہ ہے کہ ان کی ادبی دلچسپیاں بہت ہی وسیع تھیں۔ حالی۔ میر۔ انیس اور اقبال کا بیشتر حصہ انھیں حفظ تھا۔ انگریزی۔ فرانسیسی کے بہت سے شعرا کا کلام زبان پر رہتا تھا۔ انیس کے بعض مرثیوں کا ترجمہ انھوں نے انگریزی نظم میں کیا تھا جس نے اہل زبان سے خراج تحسین وصول کیا تھا۔ تحریر و تقریر دونوں میں ایک خاص شگفتگی اور جدت ادا تھی۔ موسیقی میں بہت عمدہ مذاق رکھتے تھے۔ مصوری سے بہت اچھی واقفیت تھی اور بھوپال میں جہاں مقابلتاً انھیں فراغت اور اطمینان نصیب تھا۔ وہ اپنے فرائض منصبی کے ساتھ ساتھ اپنے ذاتی شوقوں اور دلچسپیوں کی طرف بھی توجہ کر سکتے تھے ان آخری بے تکلفی کی ملاقاتوں میں ان سے گھنٹوں باتیں ہوئیں۔ ان کے دل میں کیا کیا منصوبے تھے کتنے بڑے بڑے علمی۔ ادبی اور تعلیمی کام کرنے کی امنگ تھی۔ خیالات میں کس قدر بلندی اور وسعت تھی۔ دل میں ملک

اور قوم کا کس قدر درد تھا۔ لوگوں سے کام لینے کی کس درجہ صلاحیت تھی ان سے گفتگو ہی کرکے دل شیر ہو جاتا تھا کہ جس قوم میں ایسے انسان موجود ہوں اس کے مستقبل کی طرف سے مایوس ہونے کی ضرورت نہیں۔ اور اس آخری ملاقات کے تھوڑے عرصہ کے بعد ایک منحوس شام کو شملہ میں یہ سنا کہ وہ شمع جس نے ہزاروں کی تاریک زندگی میں روشنی پہنچائی تھی یکایک گل ہوگئی۔ یہ واقعہ ایسا اچانک اور خلاف توقع تھا جیسے کوئی کہے کہ کوہ ہمالیہ اپنی جگہ سے ہٹ گیا۔

سر راس مسعود نہیں رہے لیکن ان کے کارنامے زندہ رہیں گے۔ اور ان کی دل کش اور شاندار اور شریف شخصیت کی یاد ان کے بے شمار دوستوں اور قدر دانوں کے دل میں ایک عزیز ترین سرمایہ کی طرح محفوظ رہے گی۔

خواجہ غلام السیدین

مولانا محمدؐ علی

نومبر کا مہینہ اور شروع کی تاریخیں ۱۹۲۶ء۔ ایک خوشگوار شام کو لکھنو میل کانپور سے چھوٹنے کے قریب ہے کہ دو شخص ندوہ کے سالانہ اجلاس سے بھاگم بھاگ موٹر پر اسٹیشن پہنچتے ہیں۔ اور جھٹ ٹکٹ لے لوا اسباب کچھ قلیوں اور کچھ والنٹیروں کی مدد سے پھینک پھانک ایک درجہ میں جا داخل ہوتے ہیں۔ دو انگریز بمبئی کے پہلے ہی سے بیٹھے چلے آتے ہیں۔ دونوں نو وارد کھدر پوش عبا پوش۔ ایک وجیہہ خوش قطع دوسرا کریہ بدقوارہ۔ دونوں ڈاڑھی باز۔ ان نوواردوں کو انگریز دیکھ کچھ ہنسے کچھ مسکرائے عجب نہیں جو یہ سمجھے ہوں کہ بلا ٹکٹ گھس آئے ہیں۔ خوش قطع نو وارد اسی برتھ پر بیٹھ گیا جس پر صاحب بہادر جمے ہوئے تھے۔ دوسرے نے مقابل کی نشست اختیار کی۔ گاڑی چلی۔ گنگا کا پل بات کہتے آگیا۔ صاحب بہادر دونوں کی طرف دیکھ چھیڑ کی مسکراہٹ سے ہنسے اور منہ بنا کر بولے "This is Mother Ganges" (یہی گنگا مائی ہے) طنز اور زور لفظ mother پر تھا۔ پاس کے کھدر پوش نے معاً چا۔ کی پیالی منہ سے ہٹا انگریزی زبان اور انگریز کے لہجہ میں جواب دیا۔ یہ مائی اور موسی اور خالہ کیا معنی؟ اچھا آپ یہ رشتہ لیتے ہیں۔ میں تو جانتا تھا کہ دریا بس دریا ہے۔ صاحب یہ تڑاق سے جواب پا سناٹے میں آگئے۔ یہ برجستہ جواب دینے والا تھا محمد علی۔ اور اس کا ساتھی

یا "تابع مہمل" آپ کا یہ خادم۔ صاحب کو یہ گمان نہ تھا۔ یہ چہرہ پر ڈاڑھی اور سر پر پٹھے رکھائے ڈھیلے ڈھالے کپڑے پہنے ہوئے ہندوستانی کچھ بھی انگریزی جانتا ہوگا چہ جائے کہ انگریزی میں جواب دے سکے اور دیا بھی شستہ اور برجستہ! چپ سادھ کر رہ گئے۔ اس کے بعد ادھر سے منہ پھیر گفتگو اپنے پرانے رفیق سفر سے شروع کی۔ ولایت سے کرکٹ کی مشہور ومعروف ٹیم ایم۔ سی۔ سی۔" نئی نئی ہندوستان آئی ہی تھی۔ موضوع گفتگو یہی ٹیم تھی۔ اور اس کے کھیل اور مختلف میچ، محمد علی تھوڑی دیر تو چپ ہنستے رہے اس کے بعد نہ رہا گیا۔ بولے "دخل در معقولات معاف۔ کھلاڑیوں پر آپ جو رائے زنی کر رہے ہیں صحیح نہیں ہے۔ فلاں کھلاڑی میں یہ خوبی ہے اور فلاں میں یہ خرابی اور لگے اس کی تفصیل بیان کرنے۔ اور صاحب تھے کہ بھونچکے بنے ایک ملا نما انسان کی زبان سے یہ ماہرانہ معلومات سن رہے تھے۔ محمد علی اب نفس کرکٹ پر آ گئے۔ اور لگے انگلستانی کرکٹ کی تاریخ بیان کرنے۔ لندن میں اور آکسفورڈ میں فلاں سنہ میں بولنگ کے یہ طریقے رائج تھے۔ گیند کی پچ یوں پڑتی تھی۔ بیٹنگ یوں کی جاتی تھی۔ فلاں زمانہ میں یہ تبدیلیاں ہوئیں۔ ہندوستان اور انگلستان دونوں کی زمینوں میں یہ فرق ہے وغیرہ وغیرہ۔ بولنے والا اب گفتگو نہیں کر رہا تھا گویا کرکٹ پر انسائیکلوپیڈیا کا آرٹیکل سنا رہا تھا۔ آخر میں صاحب بولے، آپ کو کرکٹ کے متعلق بڑی معلومات ہیں۔ محمد علی نے کہا مجھی کو نہیں بلکہ ہر علی گڈھی کو ایسی ہی معلومات ہوتی ہیں۔ وہ بولا کیا آپ علی گڈھ میں کپتان رہ چکے

ہیں، یہ بولے میں نہیں تھا۔ بڑے بھائی۔ Big Brother تھے شوکت صاحب کے لئے یہ Big Brother کی تلمیح محمد علی ہی نے اپنے کانگریس کے خطبۂ صدارت کے وقت سے چلا دی تھی۔ وہ انگریز اس پر بے ساختہ بولا۔ "you talk like Mohd Ali" یہ تو آپ محمد علی کی زبان بول رہے ہیں۔ یہ بولے I am Ali ۔ "زبان کیسی میں خود ہی محمد علی ہوں"۔ صاحب بہادر کی حیرت اب دیکھنے کے قابل تھی۔ آنکھیں پھاڑ کر بولے Really, one of the two Ali Brothers یعنی وہی محمد علی جو علی برادران میں کے ہیں۔ انہوں نے چمک کر جواب دیا Yes, the younger and the more sharp toungued of - the two جی ہاں انھیں میں سے چھوٹا اور زیادہ تیز زبان بھائی۔ صاحب کو اپنی حیرت کے رفع کرنے میں اب کی دیر سیکنڈوں کی نہیں منٹوں کی لگی۔ بے چینی اور بے قراری کے ساتھ بار بار پہلو بدل رہے تھے۔ اور نظر محمد علی کے چہرہ پر گڑی ہوئی تھی۔ محمد علی نے اب ہنسنا اور لطف لینا شروع کیا۔ بولے اتنا گھبرایئے نہیں کیا آپ یہ سمجھ رہے ہیں کہ علی برادران جس انگریز کو دیکھ پاتے ہیں اس پر جست کر بیٹھتے ہیں۔ دیکھ لیجئے نا میرے ناخن تک ترشے ہوئے ہیں۔ حملہ کا خیال ہی دل میں نہ لایئے۔ ایک مشہور انگریزی روزنامہ اس وقت علی برادران کا شدید مخالف تھا۔ صاحب نے اس کا تازہ پرچہ آگے بڑھایا۔ محمد علی نے پرچہ کو تو چھوا تک نہیں، البتہ اس کے ایڈیٹر پر خوب خوب فقرے کسے۔ داستان خاصی طویل ہو گئی۔ اور ایک ہی قصہ کو کہاں تک سنے جایئے گا۔

ایک بار محمد علی انگلستان میں تقریر کرنے کھڑے ہوئے۔ وقت کل پانچ منٹ کا ملا۔ انھوں نے تمہید یوں اٹھائی کہ میں چھ ہزار میل کے فاصلہ سے تیس کروڑ آبادی کی نمائندگی کرنے آیا ہوں۔ اب آپ خود حساب لگائیے کہ ایک ایک منٹ نہیں ایک ایک سیکنڈ بلکہ ہر سیکنڈ کی کسر میں مجھے کتنی ترجمانی کا وقت ملتا ہے۔ حاضرین لوٹ گئے اور آوازیں آنے لگیں کہ آپ کہے جائیے کہے جائیے۔ نتیجہ یہ ہوا کہ مولانا پانچ منٹ کی جگہ پورے بیس منٹ تک بولے۔

ایک اور منظر۔ اسی سفر میں لندن میں کسی جگہ مولانا تقریر میں بیان یہ کر رہے تھے کہ ہرس، اور سمرنا تو چاہے حضور چھوڑ ہی دیں۔ قسطنطنیہ کس طرح چھوڑ سکتے ہیں جس سے ہماری تمام قدیم ملی روایات وابستہ ہیں۔ جلسہ مخالفین سے بھرا ہوا تھا۔ انھیں میں سے ایک تاریخ کے فاضل نے کھٹ سے سوال کر دیا کہ یہ تو بتائیے قسطنطنیہ کب سے آپ کے قبضہ میں ہے۔ کوئی معمولی مقرر ہوتا تو گھبرا جاتا۔ مولانا نے اپنے سلسلۂ کلام میں ذرا فرق آنے دیئے بغیر جواب دیا سنہ تو یاد نہیں اتنا یاد ہے کہ جب سے آپ کے قبضہ میں ہندوستان ہے اس سے کتنی مدت سے ہمارے قبضہ میں قسطنطنیہ ہے جلسہ میں قہقہہ پڑا اور فاضل تاریخ مدھم پڑ گئے۔ محمد علی کی قوت حافظہ بلا کی تھی، اور ذہانت اور برجستگی تو کہنا چاہیے ان پر ختم تھی۔ سارے لطائف وظرائف کوئی لکھنے پر آئے تو کتاب کیا معنی دفتر کا دفتر تیار ہو جائے۔ اور سب لکھ بھی کون سکتا ہے۔ کس کو سب یاد رہ سکتے تھے اور باد

کا سوال تو مجھ کو ہے۔ سال کے ہر دن اور دن کے چوبیسوں گھنٹے ہمزاد بنا ساتھ ایسا کون رہ سکتا تھا۔

مناسبت لفظی کے بادشاہ تھے۔ بات میں بات پیدا کر دینا حصہ تھا ذیابیطس میں مبتلا مدت سے تھے۔ ۱۹۲۶ء میں یہ حال سن سنا مہاراجہ الور کو کچھ رحم سا آگیا، ہزار ہا روپے دیئے۔ علاج کے لئے یورپ بھجوایا اس سے قبل الور مدعو کئے گئے۔ مہاراجہ انگریزی کے نوادیب تھے ہی فارسی کے بھی شاعر تھے اور وحشی تخلص کرتے تھے۔ ملاقات کے وقت اپنا دیوان پیش کیا اور اس پر اپنے قلم سے یہ عبارت لکھی۔ "To my maulana from his Washi" اپنے مولانا کی خدمت میں ان کے وحشی کا ہدیہ"۔ مولانا نے جب جامعہ کا نصاب تعلیم نکالا۔ اپنا تصنیف کیا اور اس پر یہ عبارت لکھ پیش کر دیا۔ "From a bogus maulana to a real Maharajah" یعنی "ایک نام کے مولانا کی طرف سے کام کے مہاراجہ کی خدمت میں ہدیہ"۔ حد ذہانت یہ تھی کہ غصہ کی حالت میں بھی فقرہ چست کرنے سے نہ چوکتے۔

خلافت کمیٹی کے جلسوں میں گرما گرم نوک جھونک کے وقت بارہا یہ منظر دیکھنے میں آیا۔ ایک بار کیا ہوا کہ مرکزی خلافت کمیٹی کا اجلاس دہلی میں حکیم اجمل خاں صاحب کے مکان پر ہو رہا تھا۔ محمد علی بیمار و معذور لیٹے ہوئے تھے۔ مخالف صف میں ایک اور مشہور لیڈر ایک روزنامہ کے مالک، مع اپنے صاحبزادے کے۔ اور اسی روزنامہ کے ایڈیٹر بھی تشریف

فرما تھے۔ بحث نے طول کھینچا اور یہ تینوں صاحب ناخوش ہو جلسہ سے اٹھ کھڑے ہوئے۔ محمد علی برجستہ پکار اٹھے غضب ہو گیا۔ باپ بیٹے۔ روح القدس تینوں خفا ہو گئے۔ ذہانت کے لیے بڑا میدان شعر و شاعری کا تھا محمد علی خود بھی شاعر تھے اور شاعری کی دنیا میں نام تھا جو ہر سب سے بڑے بھائی کا تخلص تھا گوہر۔ فرماتے تھے کہ منجھلے بھائی شوکت بے تخلص رہے جاتے ہیں ان کے لیے تخلص تجویز کرتا ہوں۔ اسی وزن اور قافیہ میں شوہر شیفتہ کی مشہور غزل پر غزل۔ نادانیوں میں ہم پشیمانیوں میں ہم۔ پر غزل کہنے بیٹھے۔ تو مطلع فرماتے ہیں ؎

کیوں شہر چھوڑ جا رہے ہیں سقانیوں میں ہم   مجنوں کے ساتھ ہونگے بیابانیوں میں ہم

علی گڈھ کے ایک مشہور خاندان شروانی سے تعلقات بڑی بے تکلفی کے تھے۔ اس کے ایک معزز فرد کی زبان سے کہتے ہیں ؎

یہ ظلم ہے کہ سب کو کرو ایک سا خیال   پاتے ہیں عقل بھی کبھی شروانیوں میں ہم

خود بیجا پور جیل میں قید تھے۔ لیکن شمیم بڑے بھائی راجکوٹ جیل میں پڑے پڑے دبلے ہو گئے تھے۔ ان کی زبان سے ادا کیا ہے ؎

شوکت یہ کہتے ہیں وہ تن و توش جب نہیں   پھر کیوں گنیں نہ اپنے کو روحانیوں میں ہم

ابھی گو جوان ہی تھے کہ علی گڈھ کالج میں طالب علموں نے زبردست اسٹرائک (strike) کی۔ عین اسی زمانے میں سرسید کی برسی کا دن آیا۔ اور اسی دن اولڈ بوائز old boys نے بھی اپنا سالانہ جلسہ منانا طے کیا۔ محمد علی آتے ہیں اور ایک منظوم عریضہ سرسید کی روح کی خدمت

میں اپنے ہی جیسے بڈھے لڑکوں کو سنا کر پیش کرتے ہیں۔ وہ تین شعر ملاحظہ ہوں ؎

خبر لو قوم کی کشتی کی گو کشتی سے باہر ہو
پڑے ساحل پہ ہیں تو کیا ہمارے ناخدا تم ہو

سر سید کے عقائد ملحوظ خاطر رہیں

یہاں مانا کہ تاثیرِ دعا میں شک رہا تم کو
وہاں ضائع نہ ہوگی پھر بھی مشغولِ دعا تم ہو
تمھیں کو ڈھونڈتی پھرتی ہیں اب آنکھیں علیگڈھ میں

اور اس پہ یہ تماشا ہر طرف اور جابجا تم ہو!
سکھایا تھا تمھیں نے قوم کو یہ شور و شر سارا
جو اس کی انتہا ہم ہیں تو اس کی ابتدا تم ہو

ایک زمانہ تھا کہ ہندوستان کا گھر گھر اس گیت سے گونج رہا تھا۔

بولی اماں محمد علی کی　　جان بیٹا خلافت پہ دے دو

یہ سب جیل کے باہر تھا۔ جیل کے اندر خود محمد علی کیا کہہ رہے تھے۔

تم یوں ہی سمجھنا کہ فنا میرے لئے ہے　　پر غیب سے سامان بقا میرے لئے ہے
پیغام ملا تھا جو حسینؑ ابن علیؑ کو　　خوش ہوں وہی پیغام قضا میرے لئے ہے
میں کھو کے تری راہ میں سب دولت دنیا　　سمجھا کہ کچھ اس سے بھی سوا میرے لئے ہے
امید تو یہ ہے کہ خدا حشر میں کہہ دے　　یہ بندہ دو عالم سے خفا میرے لئے ہے

یہ شاعری نہ تھی آپ بیتی کا ایک ٹکڑا تھا۔

کیا ڈر ہے جو ہو ساری خدائی بھی مخالف		کافی ہے اگر ایک خدا میرے لئے ہے

لڑکا کوئی نہ تھا۔ لڑکیاں چار تھیں۔ ایک سے ایک بڑھ کر چہیتی اور لاڈلی ۱۹۲۳ء میں ابھی جیل ہی میں تھے کہ منجھلی لڑکی آمنہ بی۔ پالی پوسی۔ جوان شادی شدہ دق میں مبتلا ہوئیں اور مرض روز بروز بڑھتا گیا۔ مجبور و معتقد چاہنے والے باپ پر کیا گزری ہوگی۔ جو دوسروں کی اولاد کے لئے تڑپ جانے والا تھا۔ خود اپنی نازوں کی پالی نور نظر کے واسطے کیا کیا بلبلایا ہوگا۔ تلملایا ہوگا۔ پھڑپھڑایا ہوگا۔ کچھ زور نہ چلا تو عالم خیال ہی میں بیٹی سے کہنے لگے ؎

میں ہوں مجبور پر اللہ تو مجبور نہیں		تجھ سے میں دور سہی وہ تو مگر دور نہیں

اور پھر اپنے ہی کو یوں وہ تسکین دینے لگے ؎

امتحاں سخت سہی پر دلِ مومن ہے وہ کیا		جو ہر اک حال میں امید سے معمور نہیں

ہم کو تقدیر الٰہی سے نہ شکوہ نہ گلا		اہل تسلیم و رضا کا تو یہ دستور نہیں

پھر اپنے اور اپنی نورِ نظر دونوں کے پیدا کرنے والے سے کچھ رو رو کر گڑگڑا گڑگڑا کر عرض کرتے ہیں ؎

تو تو مردوں کو جلا سکتا ہے قرآں میں کیا		تخرج الحیّ من المیت مذکور نہیں

تیری قدرت سے خدایا تیری رحمت نہیں کم		آمنہ بھی جو شفا پائے تو کچھ دور نہیں

جانتے تھے کہ سرنوشت کا نوشتہ ٹلتا نہیں۔ سمجھتے تھے کہ تقدیر الٰہی کیا فیصلہ کر چکی ہے۔ کہتے ہیں اور کلیجہ تھام کر کہتے ہیں ؎

تیری صحبت ہمیں مطلوب ہے لیکن اس کو		نہیں منظور تو پھر ہم کو بھی منظور نہیں

ایک نہیں دو جوان پہاڑسی لڑکیوں کا جنازہ اپنے ہاتھوں اٹھایا قبر میں سلایا۔ دل ان ذاتی صدموں کی تاب کہاں لاتا۔ قومی صدمے ان سے بڑھ چڑھ کر۔ جئے اس کے بعد چھ سات سال، محمد علی کو قوم وملت کے پیشوا۔ ملک کے سردار کی حیثیت سے لاکھوں نے جانا۔ کروڑوں نے پہچانا ان سب سے زیادہ خوش نصیب وہ تھے جنھوں نے محمد علی کو قریب سے بحیثیت دوست کے عزیز کے۔ انسان کے دیکھا۔ کیا بیان کیا جائے کیسی نعمت انھیں ہاتھ آگئی تھی۔ ایک صداقت مجسم۔ ایک پیکر اخلاص۔ جرأت۔ دیانت۔ ہمت بے خوفی کا مجسمہ۔ پاس والے جتنا قریب سے دیکھتے گئے۔ حضرت جوہر کے جوہر اور زیادہ کھلتے گئے۔ نکھرتے گئے۔ مشہور۔ تمام تر ایک بے باک سیاسی لیڈر کی حیثیت سے تھے۔ لیکن ان کے لغت میں ڈپلومیسی کا لفظ ہی نہ تھا۔ ظاہر و باطن یکساں۔ جو خیال جس کے متعلق دماغ میں آگیا۔ زبان سے ادا ہو کر رہا۔ جو بات دل میں آئی منہ پر آئے بغیر نہ رہی۔ کہتے ہیں کہ اہل سیاست وہ ہوتے ہیں۔ جو کہتے کچھ ہیں اور کرتے کچھ ہیں۔ محمد علی اس معنی میں اہل سیاست قطعاً نہ تھے۔ ایک بار نہ تھے۔ ہزار بار نہ تھے۔ محبت کے پتلے تھے۔ مہر والفت کے بندے تھے۔ بیوی بچوں کے عاشق زار۔ دوستوں۔ رفیقوں۔ ساتھیوں پر سو جان سے نثار اور دور کا واسطہ رکھنے والوں کے مونس وغمگسار۔ کہا کرتے تھے کہ شہرت میں کیا رکھا ہے۔ میں تو محبت کا بھوکا ہوں مسلمانوں کے اور عالم اسلامی کے ساتھ شیفتگی کی یہ کیفیت کہ افریقہ میں کسی کے تلوے میں کانٹا چبھے اور اس کی چبھن یہاں ہندوستان میں بیٹھے محمد علی محسوس کریں

"تمارے جہاں کا درد ہمارے جگر میں ہے"۔ یہ مصرع بار ہا سننے میں آیا تھا اور دل ہمیشہ اسے بڑی شاعری سمجھا۔ محمد علی کی زندگی نے سمجھا دیا کہ شاعری کبھی حقیقت مجسم بن جاتی ہے۔ لوگوں کو مہمان بنانے۔ کھانا کھلانے۔ خاطریں کرنے کے حریص تھے۔

اور زندگی کا ثبوت بہت ہے۔ زنداں سے بڑھ کر دیتے رہے۔ لیکن جاننے والے جانتے تھے کہ نہ پینا تھا نہ پیتے۔ ہنستے ہیں۔ بولتے ہیں۔ گر جتے ہیں لیکن اندر ہی اندر جلتے گئے۔ پھکتے گئے یا گھلتے گئے۔ مذہب کے دیوانے تھے۔ پروردگار سے ایسا عشق کم دیکھنے میں آیا ہے۔ قرآن پڑھتے تو قرآن ہی کے ہو جاتے۔ جب اس مضمون کی آیتیں آتیں کہ منافقوں کو دیکھو کہ بجائے اللہ کے یہ اللہ کے بندوں سے ڈرتے ہیں تو آنکھوں سے آنسو جاری ہو جاتے اور بار بار ان آیتوں کی تکرار کرتے۔ اِن الحکم الا للہ تو گویا تکیہ کلام تھا۔

۴۔ اور ۵ جنوری ۱۹۳۱ء کو درمیانی شب میں جو مسلمانوں کے یہاں پندرھویں شعبان کی متبرک رات تھی۔ جب روئے زمین کے مسلمان بڑے ذوق و شوق سے جان کی اور ایمان کی دنیا کی اور عقبیٰ کی دونوں کی سلامتی کی دعائیں مانگ رہے تھے مشیت الٰہی نے ان سے یہ نعمت واپس طلب کر لی۔ شاید اس لئے کہ محمد علی کے اہل وطن۔ اہل ملت اس نعمت کے اہل ثابت نہ ہوئے۔ جان لندن میں جان آفریں کے سپرد کی اور آخری آرامگاہ کے لئے جگہ کہاں ملی؟ سرزمین مقدس میں قبلۂ اول کے قریب۔ جامع عمر سے

متصل۔ اقبال کو الہام ہوا ۔ع

"شوئے گردوں رفت زاں راہے کہ پیغمبر گزشت"

ماتم و شیون کی صدائیں ہندوستان بھر میں اور سارے عالم اسلامی میں اس زور شور سے اٹھیں اور اتنے روز تک رہیں کہ تاریخ میں مثال مشکل ہی سے ملے گی۔

"ماتم یہ زمانے میں بپا میرے لئے ہے"۔ انھیں کا مصرع ہے اور یہ بھی تو خود ہی فرما گئے تھے ؎

ہے رشک ایک خلق کو جوہر کی موت پر
یہ ہوئی وہ بین ہے جسے پروردگار دے

مولانا عبدالماجد (دریاآبادی)